작가가 피해야 할 글쓰기의 함정

작가가 피해야 할 글쓰기의 함정

초판 1쇄 발행 | 2025년 8월 30일

저 자 | 찰스 핑거
편역자 | 권로운
펴낸곳 | 메이드인
등 록 | 2018년 3월 5일 제25100-2018-000014호
주 소 | 경기도 파주시 초롱꽃로 109
전 화 | 070-7633-3727
팩 스 | 050-4242-3727
이메일 | madein97911@naver.com
ISBN | 979-11-90545-68-6 03800

* 책값은 뒤표지에 있습니다.
* 잘못 만들어진 책은 구입하신 서점에서 교환해 드립니다.
* 이 책은 저작권법에 의하여 보호를 받는 저작물이므로 내용의 일부를 재사용하려면 반드시 저작자와 출판사의 동의를 받아야 합니다.

작가가 피해야 할 글쓰기의 함정

글을 쓰는 당신을 위한 단단한 조언

찰스 핑거 지음, 권로운 편역

메이드인

저자 찰스 조셉 핑거에 대하여

찰스 조셉 핑거(Charles Joseph Finger, 1869~1941)는 영국 태생의 미국 작가이며, 문학잡지 발행인이자 편집장이기도 하다. 다양한 방면에 예술적 관심과 소양을 지녀 오케스트라를 지휘하고 피아노를 가르치기도 했다.

그는 영국 윌즈든에서 태어나 런던 킹스 칼리지에서 교육을 받았다. 영국의 사회주의 조직인 페이비언 협회(Fabian Society)에 매우 적극적으로 참여했다.

핑거는 20세 때부터 여행을 시작하여 먼저 남미 최남단의 섬 군도인 티에라 델 푸에고와 그 북쪽에 있는 파타고니아를 여행하고, 거기서 가이드나 요리사 등으로 일했다. 그 후 그는 뉴욕과 런던으로 이사해 텍사스의 여러 도시를 여행했다. 그는 회계사이자 음악가로 일하다가 아칸소주 파예트빌에 정착하여 글쓰기에 집중하기 시작했다.

1920년 윌리엄 매리언 리디(William Marion Reedy)가 사망한 후 〈리디의 거울(Reedy's Mirror)〉의 편집장 대행을 맡아 탁월한 편집 역량을 발휘했으며, 이 경험은 그의 글쓰기 조언에 실질적인 통찰을 더했다. 또한 자신이 펴내는 정기 간행물인 〈올즈 웰(All's Well)〉을 운영하며, 문학계 전반에 대한 폭넓은 이해와 식견을 보여주었다.

이어 중남미 지역의 이야기들을 모은 《실버랜

드 이야기(Tales From Silver Lands)》로 1925년 뉴베리(Newbery)상을 수상함으로써 그의 작가로서의 실력이 입증되었다.

다른 저서로 《부시레인저(Bushrangers)》(1924), 《말할 가치가 있는 이야기들(Tales Worth Telling)》(1927), 《용감한 동료들(Courageous Companions)》(1929) 등이 있으며, 자서전 《일곱 개의 지평(Seven Horizons)》(1930)이 있다.

핑거의 묘비석에는 이런 문구가 새겨져 있다.

"이 항해를 마치고, 다시 항해를 시작하여 더 고귀한 해안에 닿기를 기원한다."

이 책을 당신께 바치며

20년간 출판 편집자로 일하며 수많은 투고 원고를 읽었습니다. 어떤 원고는 제목을 보자마자 작가님께 연락하고 싶을 만큼 매력적이기도 했지만, 더러는 깊은 고민에 빠지게 하기도 했습니다. 되도록 그 고민을 정리해 도움이 될 만한 답장을 보내드리려 했습니다만, 고백하자면 그러지 못한 경우가 더 많았습니다.

이번 원고보다는 다음 작품이 더 기대되는 경우도 많았습니다. 그렇다 해도 기대감과 나름대로의 조언조차 쉽게 할 수는 없었습니다. 지금 손에 잡고 있는 원고를 좋은 책으로 만드는 데 집중하지 않으면 다음 책을 만들 수 있을지 알 수 없는 위태로운 하루하루를 보내고 있기 때문입니다. 게다가 그 '다음 작품'이 제 손에 들어올 가능성도 낮은 데다 얼마나 오랜 시간이 지나야 할지도 알 수 없습니다.

그럼에도 출판사, 특히 편집자는 작가를 돕는 역할을 해야 한다고 생각했습니다. 이 책은 그 역할을 고민하던 중 하나의 답을 찾아 노력한 결과물입니다.

찰스 핑거의 이 책을 처음 발견했을 때 시대를 초월한 집필 지침서를 발견했다는 생각에 감격했습니다. 출간된 지 100년이 지났음에도 이 책은 시중에 넘쳐나는 흔한 글쓰기 강연이나 작법서에서 제공하는 내용과는 그 본질부터 다릅니다.

    이 책의 핵심 메시지는 본질을 꿰뚫는 통찰입니다. 찰스 핑거는 이 책의 제목을 '힌트(hint)'라고 표현했지만, 실제로는 글쓰기라는 행위의 가장 근본적인 질문, 즉 "무엇을, 왜, 어떤 태도로 써야 하는가?"에 대한 답을 제시하고자 했습니다. 저 또한 단순히 '글쓰기 기술'을 넘어 작가로서의 성장을 위한 본질적인 지침서가 되기를 바라는 마음으로 이 책을 만들었습니다.

    찰스 핑거는 "진실이야말로 작품의 가치를 판단하는 궁극적인 척도"라고 단언하며, 진정성 없이는 독창적인 작품이 나올 수 없음을 역설합니다. 이 책은 작가가 세상을 보고, 살아 숨 쉬는 인물을 창조하며, 자신만의 명료하고 힘 있는 문체로 마음을 움직이는 글을 쓸 수 있도록 돕는 데 모든 초점을 맞추고 있습니다.

기존의 글쓰기 수업에 회의를 느끼고 자신만의 독창적인 길을 찾고자 하는 모든 작가에게 필수적입니다. 살아 있는 인물과 생생한 플롯을 창조하고 싶은 작가, 피상적인 인물 묘사를 넘어 독자가 '삶에서 그들의 쌍둥이를 만나는 듯한' 깊이 있는 캐릭터를 만들고 싶은 작가님께 권합니다.

진솔하고 강력한 문체를 갈망하는, 화려한 수사학보다는 작가 자신의 본질이 담긴 설득력 있는 글쓰기를 목표로 하는 분들을 위한 책입니다.

다양한 주제와 장르에 대한 깊은 통찰을 얻고 싶은, 민감한 주제를 다룰 때의 균형감각과 깊이를 얻고자 하는 작가님께도 유용할 것입니다.

저자인 찰스 핑거의 풍부한 경험에서 우러나온 실질적인 조언이 작가님의 시행착오를 줄여줄 것입니다.

이 책은 작가의 글쓰기를 한 차원 끌어올릴 몇 가지 중요한 본질을 제시합니다.

첫째, 진정성과 진실의 중요성을 보여줍니다. 찰스 핑거는 작품에 진정성을 담는 것이 가장 중요하며, 이는 독창성과 완성도로 이어진다고 강조합니다. 독자가 당신의 인물과 메시지에 공감하도록 만드는 힘은 오직 진정성에서 비롯됩니다.

둘째, 세상을 바라보는 통찰력입니다. 사회적 통념, 미디어의 왜곡, 개인적인 편견에 휘둘리지 않고 현실의 복합적인 면모를 직시하는 훈련은 작가의 관찰력을 날카롭게 하고 깊은 통찰력을 선사할 것입니다.

셋째, 생동감 있는 인물 창조의 비법입니다. 플롯보다 인물 창조가 우선이라는 핑거의 주장은, 당신의 인물을 선악으로 이분화하거나 특정 이념의 도구로 삼지 않도록 경고합니다. 인간의 여러 가지 결함과 미덕을 인정하고 내면의 복잡한 감정을 탐구함으로써, 독자의 마음에 깊이 각인될 입체적인 인물을 만들어 낼 수 있습니다.

넷째, 개인적 경험과 관찰을 통한 영감입니다. 작가는 자신의 삶의 경험과 주변의 사소한 것들 속에서 이야기의 씨앗을 찾아야 한다고 말합니다. 이론적 지식으로는 얻을 수 없는 실제적인 통찰과 생생함을 당신의 글에 불어넣는 방법을 배우게 될 것입니다.

다섯째, 간결하고 진솔한 문체의 힘입니다. '문체는 곧 작가 자신'이며 진정성에서 비롯되어야 한다는 조언은, 억지로 꾸미거나 학식 있어 보이려는 문체 대신, 독자에게 가장 효과적으로 다가갈 수 있는 명료하고 힘 있는 자신만의 목소리를 찾는 길의 이정표가 될 것입니다.

찰스 조셉 핑거는 이론가나 허울 좋은 가짜 작가가 아니라, 다채롭고 풍부한 삶을 통해 문학적 깊이를 쌓은 진정한 숨은 거장이었습니다.

  찰스 핑거는 글쓰기를 가르치려 들지 않습니다. 그는 기존의 '가르치는' 방식에 강한 회의감을 드러내며, 실질적인 깨달음의 중요성을 강조합니다. 그의 조언은 단순히 '어떻게' 쓰는지를 넘어, '무엇을' 쓰고 '어떤 자세로' 글에 임해야 하는지에 대한 깊은 성찰을 담고 있습니다. 그의 비판적인 시각은 애국심, 계급적 편견, 비현실적인 결혼관, 그리고 소년 문학에서의 도덕적 교훈 강조 등 당시 문학계의 여러 함정을 명확히 지적하며, 예리한 통찰력을 가진 편집자이자 작가로서의 면모를 여실히 보여줍니다.

  그의 글은 직접적이고 간결하며, 개인적인 일화를 통해 독자의 마음을 사로잡습니다. 이 책은 바로 그런 찰스 조셉 핑거의 정신을 담아, 당신의 글쓰기에 진정한 영감과 용기를 불어넣을 것입니다.

글쓰기는 어둠 속에서 등불 없이 길을 찾는 것과 같습니다. 이 책은 거창한 '매뉴얼'이 아니라 그 어둠 속에서 당신의 발밑을 비춰줄 한 줄기 빛이자, 당신의 손을 잡아줄 든든한 동반자가 되어줄 것입니다. 찰스 조셉 핑거의 지혜가 담긴 이 책과 함께 당신의 이야기를 시작하시길 바라는 마음입니다.

편역자

서문

 이 책은 뻔하디뻔한 글쓰기 수업 방식의 수사학 개론을 엮어낸 것이 아닙니다. 형식적인 규칙이나 피상적인 기교를 가르치려는 책도 아닙니다.

 저의 유일한 목표는 여러분의 내면에 아이디어의 씨앗 하나를 심어 주는 데 있습니다. 이 작은 책의 페이지를 모두 넘기고 나면, 여러분의 마음에 영원히 새겨질 단 하나의 진실이 있을 것입니다.

진실이야말로 문학 작품의 가치를 판단하는 궁극적인 척도입니다.

차례

저자 찰스 조셉 핑거에 대해서

이 책을 당신께 바치며

서문

1. 글쓰기 수업에 대하여	21
2. 핵심	30
3. 소설 속 인물 창조에 대하여	38
4. 편견	52
5. 위험한 열정	65
6. 살인과 폭력	75
7. 플롯과 개연성	89

8. 성(性)에 대하여 101

9. 그렇게 그들은 결혼하고 행복하게 107

10. 주제, 제안, 예시 116

11. 문체에 대하여 124

12. 방치된 분야 143

원고 투고의 힌트 166

찰스 핑거의 좋은 글 예시

찰스 핑거의 작품 목록

이 책에 언급된 도서 중 국내 발행된 도서 목록

일러두기

1. 모든 주석은 편역자가 덧붙였습니다.
2. 이 책에 등장하는 책 제목이나 작품 제목은 국내에 번역 출간된 제목을 기준으로 했습니다. 작품의 내용 인용은 모두 원문을 번역했습니다.

1. 글쓰기 수업에 대하여

 이번이 이 책을 쓰려는 저의 세 번째 시도입니다. 두 번의 초고가 휴지통으로 들어갔습니다. 그 원고들이 너무 딱딱하고 형식적이라고 느꼈고, 형식적인 건 부지런히 피해야 합니다. 그러지 않으면 우리는 아무것도 얻지 못하고 맙니다.

 저는 주변 사람들에게서 매우 직접적이고 간결하게 가르치는 방식을 발견했습니다. 길고 어려운 이론 수업보다는 "하지 마", "해"라는 말에서 귀한 가르침을 얻었습니다. 특히 아이들이 얼마나 놀랍도록 잘 배우는지를 생각하면 더욱 그렇습니다. 어린아이들이 함께 놀 때는 서로에게 몇 가지 간단한 지시만으로 온갖 정교한 게임을 가르칩니다. 반면에 교사들이나 부모도 종종 두루뭉술한 설명 속에 허우적대며 아무것도 명확하게 가르치지 못하는 경우가 많습니다.

제가 살아오며 배운 거의 모든 것은 아는 사람이 던진 경고의 말, 주의를 주는 한마디였습니다. 예를 들어 저는 어릴 때 수영 기술에 관한 책을 읽고, 밤에는 의자에 균형을 잡고 팔다리 동작을 열심히 연습했습니다. 지침을 외우고 수영의 역사, 고대 이집트인들의 수영 대회에 관한 사실들을 배웠습니다. 그러다가 어느 날 수영장에서 허우적대다 결국 앞으로 나아가기는커녕 물에 빠져 느리고 고통스럽게 이제 죽는구나 싶은 순간이 찾아왔습니다.

그때 한 소년이 제게 소리쳤습니다.

"발로 물을 차! 더 세게 차라고!"

그때 저는 놀랍게도 수영을 할 수 있게 되었습니다.

자전거를 배울 때도 마찬가지였습니다. 저는 바위, 웅덩이 같은 곳으로 이상할 정도로 정확하게 돌진했습니다. 피하려고 했던 모든 것에 부딪혔습니다. 그러다가 형이 저에게 소리쳤습니다.

"핸들 쥔 손에 너무 힘주지 마!"

형의 한마디에 큰 깨달음이 왔습니다. 그 형이 '넘어지지 않으려고 너무 힘을 주니 오히려 더 넘어지는 거'라고 말했다면 제가 자전거 타는 방법을 제대로 배울 수 있었을까요?

남미에서 양털 깎는 법을 배울 때도 그랬습니다. 양, 가위, 털……. 제겐 온갖 위험한 것들이 뒤섞인 괴물처럼 보였습니다. 주변의 다른 남자들은 하루에 양 170마리의 털을 쉽게 깎았지만, 저는 25마리를 깎느라 땀에 젖어 녹초가 되었습니다.

저를 지켜보던 현명한 아일랜드 양치기 노인이 힌트를 주었습니다.

"가위를 가죽에 평평하게 대고 길게 깎아내라."

그러자 다시 깨달음이 찾아왔고, 그날 저는 양 110마리의 털을 깎았습니다.

이러한 이유로 저는 항상 무언가 가르친다고 주장하는 사람들을 의심해 왔습니다. 예를 들어 월급을 올리는 방법, 부자가 되는 방법, 사회적 성공을 거두는 방법, 면도하면서 영어 실력을 마스터하는 방법, 리더십 자질을 계발하고 다른 사람들을 지배하는 방법, 단편 소설을 쓰고 성공적인 작가가 되는 방법을 가르쳐 준다는 사람들을 의심해 왔습니다.

실제로 다른 사람들과 대화해 보면 각자 자신의 사업이나 직업의 노하우는 결코 가르칠 수 없으며, 그렇게 배웠다고 해서 생계를 꾸릴 정도로 습득할 수는 없다고 단언합니다.

구인 목록을 보아도 '강좌 졸업생 우대' 같은 문구는 보이지 않습니다. 제가 철도 사업 고용주였을 때, 졸업장만 보고 기관차 기사를 고용한 적은 결코 없습니다.

저는 비교적 한가하던 때 장난기가 발동해 거대 기업 임원, 정부 인사에게 화술을 가르친다고 자처하는 몇몇 사람들의 명단을 작성했습니다. 시간이 흘러 저는 그들의 연구소나 사무실, 그게 어디든 방문했지만 그 연설가와 직접 만나지는 못했습니다. 더 조사해 보니 그들이 가르쳤다는 유명 인사들이나 고위 관리자들이 강좌에서 수업을 들었다는 기록도 찾을 수 없었습니다.

계속 탐색을 하다가 단편 소설 작법을 가르치는 사람들의 명단도 작성했습니다. 그들이 지역의 소규모 글쓰기 강좌의 찾아내기 어려운 영역에 숨어 있든, 대학 강의실에서 가르치든, YMCA에서 가르치든 상관없이 그들의 이름은 유명 잡지나 언론에 작가로 등장하지 않았고, 그들이 가르친다고 주장하는 어떤 곳에도 실제로 나타나지 않았다는 것을 발견했습니다.

    기업의 경영진이나 산업계의 거물들, 사람들을 통제하는 사람들, 다른 사람들을 자신의 욕구에 따라 움직이게 하는 사람들, 대학교수나 종교인이 현재의 명성을 얻기 전에 칙칙한 12월의 어느 어두운 아침에 일어나 광고에 제시된 40개의 질문 목록에 스스로 답함으로써 자신의 효율성을 시험하고 자신의 부족함을 깨달아 즉시 '강좌'에 등록한 뒤 시간이 흘러 졸업장을 받고 유명한 인사가 되었다는 말도 사실로 밝혀지지 않았습니다. 아뇨, 이건 아닙니다. 이런 식으로는 아무것도 얻을 수 없습니다.

저는 수업이나 책으로 많은 것을 가르칠 수 있다고 믿지 않습니다. 또한 단편 소설이나 소설에 대한 분석을 읽는다고 해서 그것을 쓸 수 있는 것도 아니라고 저는 주장합니다. 시체를 해부했다고 해서 사람을 만들 수 없는 것과 마찬가지입니다. 물론 다른 사람의 작품을 읽으면 약간의 이점은 있을 수 있지만, 그렇다고 해서 여러분 자신도 그런 작품을 쓸 수 있다는 건 아닙니다. 비록 여러분이 욕구와 의지를 가지고 있다고 해도 말이죠.

예를 들어, 제가 형편없는 기계공이라고 하지요. 기계를 다루는 것은 저에게 불쾌한 일입니다. 자동차 타이머 조정 방법에 관한 책을 스물네 권 읽을 수도 있지만, 제 시계가 고장 나면 저는 어쩔 줄 몰라 할 것이고, 저의 모든 이론적 지식은 아무런 도움이 되지 않을 것입니다.

반면에 자동차 메커니즘에 관한 책을 한 권도 읽어본 적 없는 제 아들은 차가 멈추면 엄청나게 기뻐합니다. 눈에 하트가 가득해진 채 침대에서 뛰어내려 열정적으로 작업을 시작합니다. 제가 방구석에서 책을 읽고 얻은 지식을 옆에서 주절대면, 그 모든 걸 콧방귀 뀌며 무시합니다. 그럼에도 곧 자동차는 다시 힘차게 움직입니다.

그렇다면, 이 모든 현실에도 불구하고 저는 왜 이 책을 쓰는 걸까요?

솔직히 말해서 저는 수십 편의 단편 소설을 썼지만, 여러분에게 단편 소설을 쓰는 방법을 가르칠 수는 없습니다.

다만 여러분이 글을 쓸 능력과 욕구를 모두 가지고 있다면, 피해야 할 몇 가지 함정을 알려드리고, 한두 가지 힌트를 드릴 수 있습니다. 또한 저 자신의 경험의 결과도 알려드릴 수 있습니다. 그것이 전부입니다. 이것이 어떤 결과를 가져올 수도 있고, 아닐 수도 있습니다. 분명 지난 한 해 동안 제가 여기서 쓰려는 조언과 유사한 조언 덕분에 세 명의 젊은 작가들이 자신의 작품을 인쇄된 형태로 보는 즐거움을 누렸습니다.

저는 약속하건대, 책의 분량을 불필요하게 늘리거나 글쓰기 수업의 방식대로 거장들이 쓴 이야기만 베끼지 않을 것입니다. 그것은 여러분과 저의 시간을 허비할 뿐입니다.

이제 시작합시다.

2. 핵심

 무엇보다도 진정성이 있어야 합니다. 이것 없이는 아무것도 할 수 없습니다. 진정성 있는 작품은 훌륭하고 독창적인 작품이 될 것입니다. 진정성이 있다면 정직함과 단순함이 있을 것이며, 이 둘은 문학인에게 가장 중요한 미덕입니다. 또한 진정성이 있다면 용기도 있을 것입니다.

 여러분도 아시다시피, 불성실한 사람은 만나자마자 즉시 티가 납니다. 예를 들어 누군가의 현란한 말솜씨에 속아 넘어간 적이 있나요? 아마 이성적으로 판단했음에도 불구하고 잠시 동안은 현혹되었을 수도 있지만, 분명히 오래가지 못했을 것입니다. 자신이 믿지 않으면 다른 사람도 믿게 하기 어렵습니다.

당신이 누군가 다른 사람들을 설득해야 할 때, 그 사실을 자신이 철저히 확신해야 했을 것입니다. 마찬가지로 글을 쓸 때 여러분이 받아들여지기를 원하는 이야기에 대해 스스로 확신해야 합니다.

저는 다른 분야에 대해 말하는 것이 아닙니다. 소설에 대한 이야기입니다. 여러분은 자신의 등장인물들을 너무나 철저히 확신해서 그들을 살아있는 존재처럼 느낄 정도가 되어야 합니다. 그래야만 그들이 독자들에게 살아있는 등장인물이 될 것입니다.

만약 여러분이 《픽윅 클럽 여행기(The

Pickwick Papers)》[1]를 읽고 주인공 사무엘 픽윅을 사랑하게 되었다면, 제 말이 무슨 뜻인지 정확히 알 것입니다.

젊은 찰스 디킨스는 픽윅 씨를 창조하면서 진심을 다했습니다. 그는 다소 평범한 노신사가 세상의 절반을 여행하며 쾌활하고 매력 있는 인물로 성장하는 과정을 지켜보았습니다. 픽윅 씨는 찰스 디킨스에게 현실의 인물이었고, 따라서 우리에게도 현실이 되었습니다.

이 부분도 눈여겨 보시기 바랍니다. 픽윅 씨에게는 결점이 있었습니다. 종교적으로 독실한 사람들은 그를 도덕적인 인물이라고 생각하지 않았을 것입니다.

그는 종종 너무 많이 마셨습니다. 만약 소설의

---

[1] 《픽윅 클럽 여행기》(1836)는 찰스 디킨스의 첫 장편소설이다.

배경에 금주령이 있었다고 해도,[2] 그는 소설에 등장하는 인물인 벤 앨런이나 밥 소여와 함께 분명히 직접 만들어서라도 술을 마셨을 것입니다. 그와 그의 동료들은 우리의 취향에는 지나치게 식도락을 즐겼습니다. 그는 때때로 완고한 모습을 보여주기도 했습니다. 마치 저처럼 말입니다.

만약 디킨스가 불성실했다면, 그는 인물의 나쁜 점을 지워 버리고 싶어 했을지도 모릅니다. 하지만 그랬다면 그 인물은 진짜 사람으로 느껴지지 않았을 것입니다.

사실 우리는 주변 사람들에게서 현실적인 모습을 원합니다. 우리 중 누구도 천사나 성인과 함께 살고 싶어 하지 않습니다. 그래서 우리는 불성실한 작가들이 우리에게 강요하려는 고귀함, 용

---

2 1920년대 미국은 제1차 세계대전이 끝난 뒤 종교 지도자들의 주도로 금주법이 지정된 시기였다.

기, 아름다움, 관대함, 지혜로만 구성된 완벽하고 비현실적인 인물들을 본능적으로 거부합니다. 솔직해 보이지 않기 때문입니다. 우리는 정치가의 연설에서 화려한 허풍을 감지하듯, 그들의 비현실적인 모습을 감지합니다.

독서하는 사람에게는 작가의 상상력의 창조물이 역사 속 유명 인물들보다 훨씬 더 현실적으로 느껴집니다. 적어도 저에게는 그렇습니다.

저는 조지 워싱턴의 모든 추악한 부분이 조심스럽게 지워진 채로 묘사된 글을 읽습니다. 나폴레옹이 신격화된 글을, 가필드가 조심스럽게 후광을 입은 글을 읽습니다.

그리고 저는 그런 인간은 불가능하다고 생각하며 머릿속으로 거부합니다.

반면에 작품 속의 코스티건 대위(Captain

Costigan)³, 베키 샤프(Becky Sharp)⁴, 잭 팔스타프(Jack Falstaff)⁵, 토비 삼촌(Uncle Toby)⁶, 톰 존스(Tom Jones)⁷, 피터 위플(Peter Whiffle)⁸, 앤 베로

---

3   코스티건 대위: 19세기 영국의 소설가 윌리엄 새커리의 소설 《펜데니스의 역사(The History of Pendennis)》 등장인물.

4   베키 샤프: 윌리엄 새커리 《허영의 시장(Vanity Fair)》 주인공.

5   잭 팔스타프: 윌리엄 셰익스피어의 희곡 《헨리 4세》 1, 2부와 《윈저의 즐거운 아낙네들》 등장인물.

6   토비 삼촌: 18세기 아일랜드 소설가 로렌스 스턴의 소설 《신사 트리스트럼 섄디의 인생과 생각 이야기》 등장인물.

7   톰 존스: 18세기 영국의 소설가 헨리 필딩의 소설 《업둥이 톰 존스 이야기》 주인공.

8   피터 위플: 20세기 미국의 작가이자 예술 사진가 칼 밴 벡튼의 소설 《피터 위플》 주인공.

니카(Ann Veronica)[9]를 책 속에서 만났습니다. 그들은 책장을 넘어 제 삶 속으로 들어왔습니다.

저는 이제 제 삶 속에서 그들과 똑 닮은 사람들을 만납니다. 이 여인은 베키의 녹색 눈을 가지고 있습니다. 저 남자는 톰 존스가 그랬던 것처럼 열망을 지니고 있고, 잘못된 길이라는 것을 알면서도 그 길을 걷고 있습니다. 저는 온갖 이상한 것들에만 관심을 갖고 있는 어리석은 사람을 보면 곧바로 피터 위플을 떠올립니다.

하지만 저는 나폴레옹이나 워싱턴을 떠올리게 하는 사람을 만난 적이 없습니다. 그런 사람은 없

---

9 앤 베로니카: 과학 소설의 아버지로 불리는 20세기 영국의 소설가이자 문학비평가 허버트 조지 웰스의 《앤 베로니카》 주인공.

기 때문입니다. 다시 말해 소설가는 진실했지만, 역사가들은 아니었습니다. 위인의 명예를 위해 역사가들은 비인간적인 모습을 만들었습니다.

3. 소설 속 인물 창조에 대하여

 저 자신의 인격이 결코 완벽하지 않고 불완전하며 온전하지 않기 때문에, 제가 여러분에게 인물을 그리는 방법을 가르칠 수는 없습니다. 물론 저는 대략적으로나마 여러 이야기에서 몇몇 인물들을 그렸지만, 그들은 모두 다소 저 자신의 한 측면임을 발견했습니다.

 저는 아직 살인을 저지른 적이 없지만, 어떤 사람들을 너무나 맹렬하게 증오하여 그들을 죽이는 것을 상상했습니다. 그래서 그런 기분이 들었을 때 살인자를 주인공으로 한 〈에브로(Ebro)〉라는 이야기를 썼습니다. 어떤 면에서 에브로는 저 자신이었습니다.

또 아주 오래 전 제가 젊고 아름다웠을 때, 마젤란 해협에서 포클랜드 제도로 향하는 작은 돛단배로 거친 여행을 시작했습니다. 우리는 숨겨진 보물을 찾고 있었지만 찾지 못했고, 금지된 장소에 있었기 때문에 도망쳐야 했습니다. 해안에서 약 200마일 떨어진 곳에서 폭풍을 만났습니다. 그 폭풍 속에서 저는 너무나 두려웠습니다. 다른 겁쟁이들처럼, 저는 백 번 죽음을 맛보았습니다. 바람과 물에 심하게 공포를 느끼는 사람을 묘사한 구상할 때 그 경험을 떠올렸습니다.[10]

---

10 찰스 핑거는 이 이야기에 〈내 친구 훌리오(My Friend Julio)〉라는 제목을 기록했으나 실제로 출간하지는 않았다.

제 상상 속에서나 아니면 이런저런 방식으로 저는 십계명 하나하나를 다 어겼습니다. 물론 어떤 것들은 실제로 어기기도 했습니다. 그러므로 제가 그리는 영웅이나 인물들은 제가 보기에 서로 다른 방향에서 본 저 자신의 모습일 뿐이며, 한 사람이 지닌 다양한 성격입니다. 마치 다이아몬드가 여러 방향에서 빛을 받을 때 모두 다른 색의 광채를 보이는 것과 비슷합니다. 모든 사람에게는 많은 미덕뿐만 아니라 많은 악덕도 있습니다. 각자 자신을 알아야 하고, 무화과 잎 하나 가리는 것 없이 벌거벗은 모습 그대로 자신을 보아야 합니다.

제가 여러분에게 무엇을 해야 할지 말해줄 수는 없지만, 몇몇 암초를 지도에 표시해 여러분의 문학적 항해의 초기에 좌초하지 않도록 도울 수는 있습니다.

저는 앞에서 가장 먼저 "진정성이 중요하다"고 말했습니다. 그리고 둘째로는 "제대로 보지 않으면 가치 있는 것을 쓸 수 없다"고 말하고 싶습니다. 제 말은 대부분의 사람들이 실제로 사물을 왜곡된 방식으로 본다는 뜻입니다. 부주의하거나 흐릿한 시선을 의미하는 것은 아닙니다. 제가 의미하는 것은 스스로는 전혀 보지 않고, 다른 사람들의 눈을 통해 보는 습관입니다.

예를 들어, 수년 동안 작은 마을에서 살면서 이런저런 공공기관이나 정치조직의 후보자들이 이야기하는 것을 들은 사람들을 생각해 보십시오. 그런 이야기를 몇 년 동안 계속 들으면 많은 사람이 실제로 믿게 된다는 것을 알게 될 것입니다. 그들은 자기 마을이 아름다움으로 가득한 특별한 장소라고 굳게 확신하게 됩니다. 물론 아름다움 대신 엄청나게 많은 추함이 있다는 현실을 알고 있음에도 말입니다.

지나가는 사람에게 평범한 청년을 묘사해 보라고 요청하면, 대부분은 세상에 없을 듯한 긴 다리에 다부진 어깨를 가진 남자나, 사각 턱을 가진 밝은 소년의 모습을 그려낼 것입니다. 그들의 생각은 자신의 관찰에서 나온 것이 아니라, 패션 광고를 보고 떠올린 것임을 알게 될 것입니다. 또는 미국 소녀를 상상할 때는 여러분이 주변에서 볼 수 있는 사람, 즉 살이 처지고, 깡마르고, 어색한 미소를 띄고, 수더분하고, 키가 크거나 혹은 작고, 이목구비가 살짝 삐뚤어지고, 여드름이 난 소녀를 떠올리지 않습니다. 아주 드물게 볼 수 있는 정말 아름다운 잡지 표지 모델처럼 활짝 미소를 짓는 어떤 생명체를 떠올릴 것입니다.

한 정치인이 자신의 화려한 허풍에 도취되어, 어쩌면 전쟁을 부추기며, 어깨가 넓고 우람한 젊은 군인들이 모든 준비를 갖추었다고 선언할 때 사람들을 그를 의심 없이 믿게 될 수도 있습니다. 국가가 연주될 때마다 십자성호를 긋는 사람들은 3년간의 참호 생활에도 불구하고 오늘날의 젊은이들이 1차 세계대전이 벌어진 1914년 이전만큼이나 구부정한 모습으로 비틀거리며 길모퉁이나 기둥에 기대 게으르게 하루를 보내고 있다는 진실을 거리에서 한순간만 봐도 알 수 있다는 걸 전혀 의식하지 못할 것입니다. 카키색 옷을 입은 젊은이의 사각형 어깨 효과가 전적으로 코트의 이상한 재단 때문이라는 것은 그들에게는 결코 떠오르지 않을 것입니다. 그래서 저는 이렇게 말합니다.

"똑바로 보라."

여기 또 다른 법칙, 또는 계명, 또는 지침, 뭐든 여러분이 부르고 싶은 대로 부르십시오. 저는 이것을 한 문장으로 표현하겠습니다.

"있는 그대로 표현하라."

이렇게 하면 어떤 결과에 도달할 수 있습니다. 이렇게 하지 않으면 필연적으로 아무것도 얻지 못합니다. 물론 이 규칙은 앞의 규칙으로 되돌아갑니다. 왜냐하면 어떤 것을 있는 그대로 표현하기 전에, 그것을 있는 그대로 보았는지 확신해야 하기 때문입니다.

하지만 우리 주변에는 제대로 보지 못하게 만드는 방해 요소가 너무 많습니다. 미술가, 신문 기자, 영화 제작자들은 특징적인 것만 보여주려고 해서, 우리는 우리 감각을 실제로 불신하게 되는 지경에 이릅니다.

얼마 전 저는 피아노 독주회에 참석했는데, 연주자는 제가 그 곡의 모든 화음의 모든 음을 말할 수 있을 만큼 너무나 잘 아는 몇몇 곡을 연주했습니다. 하지만 그 서툰 연주자는 실수를 해서 단조

화음을 여기저기 장조로 바꾸고, 옥타브를 떨어뜨리고, 모든 것을 엉망으로 만들었습니다. 관습의 힘으로 청중은 박수를 쳐주었고, 연주자가 행복한 미소를 지으며 고개를 숙이자 더욱 열렬히 환호해 주었습니다.

다음 날 지역 신문은 그 연주자를 리스트에 비유할 정도로 칭찬하는 기사를 실었습니다. 그 후에 청중들은 그 연주자를 매우 훌륭한 예술가로 기억했습니다. 무지가 승리했습니다. 박수 소리를 들은 사람들은 음악에 대해 조금 아는 사람들조차도 자신의 감각을 불신했습니다.

잘못된 오해는 관습 때문에 생겨났고, 고의적이거나 무지한 왜곡 때문에 조장되었으며, 그 결과 수백 명의 어린아이들이 앞으로 수년 동안 무능한 사람에게서 음악을 배우게 될 것이었습니다. 아마도 그에게 배운 아이들 중 한두 명을 제외하고 나머지는 제대로 연주하는 법을 배우지 못할 것입니다.

 영화관에서 상영되는 장면을 보면 추악하고 흉측하고 저속한 모든 것이 세상에서 사라졌다고 상상할 수 있습니다. 혹은 그 반대로 우아하고 아름답고 고결한 모든 것들이 세상에서 사라졌다고 상상할 수 있습니다. 적극적인 선택이 작동했기 때문에 당연히 그렇습니다. 감독들은 원하는 장면을 보여주기 위해 그에 어울리지 않은 모습을 숨깁니다.

 사람들은 시간이 지남에 따라 수백, 수천 장의 사진을 보면서 잘못된 생각을 하게 됩니다. 실제로 집에서 멀리 떨어진 다른 나라나 먼 도시로 떠나서 직접 그 눈으로 봐야만 눈과 마음이 제 기능을 발휘하기 시작합니다. 그러면 새로운 것들이 다가옵니다. 그는 자신의 집에 있는 사물과 비교하는 것이 아니라 자신이 본 사물과 비교하는데,

이는 완전히 다른 문제입니다.

결과적으로 새로운 것을 보더라도 자신이 알고 있던 것과 비교하게 됩니다. 여행자는 멀리 떠나 도착한 곳의 사람들에게 자기 고향의 영광을 이야기하지만, 그는 그곳의 추악함, 잔인함, 방탕함, 질병, 사고를 말하지 않습니다. 여행자는 고향으로 돌아온 뒤 결국 고향은 고향의 문제를 안고 있고, 여행지는 여행지의 문제를 안고 있다는 것을 깨닫습니다.

사람들은 새로운 곳에서 눈을 뜨게 됩니다. 자신의 눈으로 보고 충격을 받습니다. 사실 자기 마을에서는 너무 자주 보았기 때문에 보지 않았거나, 호기심이 없어서 흘려 버린 것들입니다.

저는 다른 나라의 농촌 지역의 빈곤을 한탄하는 사람들을 들었습니다. 뜨거운 태양 아래 밭에서 힘들게 일하는 여성과 아이들, 일주일 내내 고기나 지방을 거의 먹지 않는 가족에 대해 이야기하면서도, 정작 자신들의 나라에서도 어린 나이의 아이들이 학교에서 밭으로 끌려가고, 이 나라의 여러 곳에서 고구마와 콩이 주식이라는 사실은 전혀 의식하지 못했습니다.

천둥이 치면 십자성호를 긋거나 류머티즘을 막기 위해 부적을 지니는 순박한 멕시코인을 비웃는 사람들은, 허리 주머니에 칠엽수를 넣고 다니면 치질이 낫는다고 믿거나 초승달의 모양이 뿔이 위로 향했는지 아래로 향했는지에 따라 건조하거나 습한 날씨를 예측할 수 있다고 믿는 미국인들이 많다는 사실은 전혀 의식하지 못합니다.

여러분에게 말하건대, 똑바로 볼 수 있는 사람을 찾는 것은 극히 드문 일입니다. 제대로 보지 못한다면 어떻게 사물을 있는 그대로 표현할 수 있겠습니까?

이 중요한 문제를 다른 각도에서 살펴보지요. 영국의 화가 윌리엄 호가스(William Hogarth)[11]의 판화들을 본 적이 있습니까? 물론 다른 예술가들, 그의 동시대 작가들은 그 작품들에서 삭제와 왜곡이 분명하게 보입니다. 하지만 호가스는 그러지 않았습니다. 그는 사물을 있는 그대로 보았고, 그래서 있는 그대로 표현했습니다. 그 결과 그의 작품은 사회 풍속과 관습을 연구하는 학생들에게 새뮤얼 피프스(Samuel Pepys)의 일기[12]만큼이나 가치 있습니다. 그에게는 거짓된 묘사나 이상주의적인 개념이 없었습니다. 물론 그의 시대 런던

---

11 윌리엄 호가스는 18세기 영국 로코코 시대의 화가로, '풍자화의 아버지'라고 불리기도 했다.

12 새뮤얼 피프스는 17세기 영국 해군 행정관이자 정치가로, 그가 10년 동안 남긴 일기는 영국 스튜어트 왕정의 중요한 사료로 인정받았다.

에는 훌륭한 귀족 남녀들이 있었지만, 더러운 거지들, 왜곡되고 기형적인 남녀관계, 지저분한 아이들과 초췌한 노동자들, 얼룩이 가득하고 여드름 난 불행한 사람들도 있었습니다. 그는 자신이 본 것을 그대로 우리에게 전했습니다. 그렇기에 그에게 명성이 생긴 것입니다.

그는 첫째로 진정성 있는 자세로 접근했고, 둘째로 제대로 보았으며, 셋째로 사물을 있는 그대로 표현했습니다. 피프스는 그렇게 했습니다. 래피얼 홀린셰드(Raphael Holinshed)[13]와 헨리 필딩(Henry Fielding)[14]도 마찬가지였습니다. 그들의

---

13 래피얼 홀린셰드는 16세기 영국의 연대기 작가로, 셰익스피어, 스펜서 등 많은 르네상스 작가에게 영향을 미쳤다.

14 앞서 언급한 《업둥이 톰 존스 이야기(The History of Tom Jones, A Foundling)》를 쓴 18세기 영국의 소설가. 새뮤얼 리처드슨과 함께 영국 소설의 창시자로 평가받는다.

이름은 살아 있습니다. 반대로 행동한 사람들은 잊혔습니다. 그들의 이름도 사라졌습니다.

4. 편견

　의식적으로 제대로 보고, 편견의 색안경 없이 사물을 바라보려 한다고 해도, 확실하게 왜곡에서 벗어날 수 있는 건 아닙니다. 앞에서 말한 피아노 연주회 청중들이 무의식적으로 자기 감각을 믿지 않은 것처럼, 우리 또한 우리 자신도 모르게 왜곡에 빠집니다.

　가장 대표적인 한 가지는 바로 우리에게 뿌리 깊게 박혀 있는 애국심이라 불리는 특정 편견입니다. 이것은 사실 반사적 이기주의입니다. 이로

인해 우리는 우리 국가를 드높이고, 다른 모든 국가와 민족을 무지, 빈곤, 절망의 심연에 있는 것으로 간주하는 경향이 있습니다. 그래서 우리는 한쪽으로 치우친 인상을 얻게 됩니다. 민족적 자만심에 눈이 멀어, 우리는 우리 민족에게서 모든 선한 것을 보고 다른 민족에게서는 거의 악한 것만을 봅니다. 물론 그 다른 민족이 우리의 동맹국일 때는 그들이 우리와 이해관계를 같이하는 한도 내에서 어느 정도의 예의 바른 행동과 상식을 인정합니다.

우리는 국가적인 차원으로 거위를 백조로 둔갑시키는 경향이 있습니다. 쉽게 알 수 있듯이, 이런 애국심이 지나치면 종종 다른 나라에 대한 증오로 이어집니다. 극단적이지는 않더라도 이것은 다른 사람들을 조롱하고 오해하게 만들며, 무엇보다도 우리 자신을 속이는 일입니다. 이른바 코믹 만화와 싸구려 무대에서 프랑스인, 독일인, 유대인, 아일랜드인, 멕시코인, 그리고 모든 남미인이 조롱거리로 표현되는 것을 떠올려 보십시오. 반대로 미국인은 모든 칭찬할 만한 것의 전형으로 등장하는데, 수준 낮은 문학에서 흔히 볼 수 있습니다.

이 개념이 매우 광범위하게 퍼지고 심지어 너무나 널리 받아들여져서 교사들조차 학생들에게 네덜란드인들은 깨끗하고, 멕시코인들은 자주 배신을 하며, 유대인들은 사기를 치는 데 능하고, 독일인들은 악행을 일삼고, 이탈리아인들은 게으르고, 흑인들은 흥이 많고, 프랑스인들은 부도덕하고, 아일랜드인들은 재치 있고, 스칸디나비아인들은 비관적이며, 스위스인들은 검소하다는 등 매우 뚜렷한 국민적 특성이 존재한다고 가르치기도 합니다.

이 모든 것은 잠시 조용히 성찰하면 알 수 있듯

이, 쓸데없고 해로운 헛소리입니다. 왜냐하면 모든 사람은 자신의 경험 속에서 같은 나라 사람들 가운데 깨끗한 사람과 더러운 사람, 정직한 사람과 그렇지 않은 사람, 우울한 사람과 쾌활한 사람, 게으른 사람과 활기찬 사람을 모두 알고 있기 때문입니다. 더욱이 모든 사람은 자신의 기분이 바람처럼 변한다는 것을 알고 있으며, 월요일에 명랑했던 사람이 토요일에는 매우 슬퍼질 수 있고, 오전 9시에 극도로 정직했던 사람이 오전 9시 30분에는 쉽게 도둑이 될 수 있다는 것을 압니다.

그러나 일간지의 모든 기사와 형사 법원의 기록에도 불구하고, 100명 중 99명은 자신의 나라와 국민이 모든 미덕을 독점하고 있다는 생각에 철저히 물들어 있습니다. 그래서 그 생각은 문학 속까지 침투하게 됩니다.

이를 가장 원초적인 형태로 보여주는 한 가지

사례를 제시하겠습니다. 이 책의 집필을 시작한 이후에 일어난 일입니다. 한 남자가 저를 찾아왔는데, 그는 흥분으로 눈이 빛나고 있었습니다. 그는 좋은 이야기가 될 거라 생각한 플롯을 상상했고, 그걸 저에게 말해주기 위해 지름길로 달려왔다고 했습니다. 그의 말을 가능한 한 그대로 인용하겠습니다.

"저한테 단편 소설이나 영화에 쓸 만한 좋은 플롯이 있습니다. 기차에 젊은 여자가 한 명 있는데, 캐나다인이고 이 나라에 처음 온 사람입니다. 기차 안에서 그녀는 잘 차려입은 출장 판매원과 이야기하기 시작합니다. 그녀는 순진한 사람입니다.

그런데 통로 건너편에 한 병사가 앉아 있습니다. 역에서 이 출장 판매원이 그 여자를 억지로 끌고 호텔로 데려가려고 하는데, 그들이 택시에 타려 할 때 병사가 나타나 출장 판매원을 한 방에 쓰러뜨립니다. 그래서 그 여자는 안전해졌습니다. 1년 정도 후에 그 병사가 전쟁에서 돌아와 부잣집 딸인 그 여자를 찾습니다. 병사는 가난한 사람입니다. 그들은 결혼해서 행복하게 삽니다.

이 이야기로 미국인의 이상을 보여줄 수 있고, 영어권 사람들 사이의 좋은 관계에도 도움이 될 겁니다."

저는 그 플롯의 완벽한 어리석음을 지적함으로써 독자의 지성을 모욕하지 않겠습니다. 그럼에도 불구하고 저에게 그 이야기를 말한 사람은 지성인이었고, 정부 공무원인 변호사였으며, 〈새터데이 이브닝 포스트〉, 〈아메리칸 매거진〉 등 여러 일간지를 읽으며, 모든 선거에서 정당 표를 일관되게 찍은 사람입니다. 하지만 그는 자기 이야기가 얼마나 진부한지는 보지 못했습니다. 하지만 이것은 '애국심'을 가진 수백 명의 예비 작가들이 출판사 편집자들에게 보내는 원고의 전형 중 하나입니다. 여기서 다소 수정되거나, 희석되거나, 양념이 첨가되기도 한 버전을 우리는 서점이나 영화관에서 보게 되기도 합니다.

특수한 국가적 미덕과 악덕은 없습니다. 여러분의 주인공을 흑인, 중국인, 에스키모 또는 아르헨티나인으로 만드십시오. 어느 나라 사람이든 상관없습니다. 인간은 전 세계 어디에서나 인간입니다. 다른 사람의 옥수수는 여러분 자신의 한 말로 재는 것이 안전합니다.[15]

---

15 "남의 옥수수를 자신의 용기로 재다(A safe rule to measure other's corn with your own bushel)"라는 뜻의 관용구. 자신의 기준, 경험, 가치관에 따라 다른 사람을 판단하거나 평가하는 것을 의미한다.

여러분이 해야 할 일은 인물을 구상하고 그 인물이 정해진 방식대로 행동하는 것이 아니라, 어떤 특정한 방식대로 행동하는 것을 보여주는 것입니다. 저는 '특정한 방식'이라고 말했지만 '불확실한 방식'이라고 할 수도 있을 것입니다. 왜냐하면 여러분의 인물은 여러분 자신과 다소 비슷할 것이기 때문입니다. 즉 결점, 미덕, 악덕, 비열함, 이상, 희망을 가진 존재이며, 그 안에는 천사가 원숭이, 호랑이, 돼지와 뒤섞여 있을 것입니다. 그러면 모든 미덕과 악덕이 뒤섞여 미묘하고 심오한 요소들로 구성된 인물이 탄생합니다. 따라서 그 인물이 주어진 상황에서 어떻게 행동할지 실제로는 알 수 없습니다.

한 남자가 자신을 유혹하려 다가오는 낯선 여자를 봤을 때, 그가 제복을 입었든 아니든 간에, 유혹하려 다가오는 사람을 폭행하기까지 하며 제지할 가능성은 거의 없을 것입니다. 어떤 인물이 어떤 행동을 할지에는 많은 요소가 있습니다. 그 순간의 기분이 어떤지, 술에 취했는지 제정신인지, 주변의 환경은 어떠한지, 아침 식사로 무엇을 먹었는지, 할아버지가 어떤 종류의 악당이었는지, 그 당시 주머니에 얼마의 돈이 있었는지 등 말입니다. 또는 이러한 많은 요소들이 복합적으로 영향을 미칠 수도 있습니다. 아니면 그 인물이 심사숙고하고 망설이다가 결국 아무런 행동도 취하지 않을 수도 있습니다. 그 인물이 현명한 사람이라면 매우 그럴듯한 행동일 것입니다. 하지만 그 인물이 감정의 폭풍 속에서 흔들리고 있거나, 다른 인물들에게 휘둘리는 상황에 있다면, 결국에는 등장인물들 사이의 갈등에서 생겨나는 어떤 행동을 보일 수도 있습니다.

  보조 인물들은 흐릿한 실루엣처럼 표현되어서는 안 된다는 것을 명심하십시오. 그들 또한 자신의 편견, 동기, 야망을 가져야 하며 그들의 마음

또한 독자에게 마치 그들이 눈앞에 있는 것처럼 분명하게 드러나야 합니다.

 이처럼 인물 묘사는 매우 복잡한 작업입니다. 얼마 전 한 시인이 화요일에서 토요일까지 좋은 단편 소설을 열두 편이나 쓸 수 있다고 선언했다는 말을 들었습니다. 소설 인물에 대한 그의 생각은 당연히 전형적인 차원의 것이었습니다. 주일 학교 교과서나 멜로 드라마의 형식을 갖춘 인형 같은 존재, 즉 '미스터 굿맨', '미스터 이블' 같은 인물들의 이야기였습니다. 좋은 작품을 만들 수 있는 건 작가의 능력에 달려 있다는 생각을 하지 못한다는 느낌이었습니다. 즉 독자에게 명확한 인상을 남기고, 소설 인물을 현실에서 만난 인물만큼 생생하게 기억하게 만드는 능력 말이죠.

 이 시점에서 만약 여러분이 진정성 있게 앞으

로 더 나아가고자 하는 야심이 있다면, 인물 묘사의 걸작으로 다음 작품들을 추천합니다.

조지프 콘래드의 《로드 짐(Lord Jim)》[16], 윌리엄 새커리가 쓴 《허영의 시장》의 베키 샤프, 커닝햄 그레이엄의 〈소예언자(Minor Prophet)〉[17], H. G. 드와이트(Harrison Griswold Dwight)의 《엘람의 황

---

16 《로드 짐》: 1900년 영국에서 출간된 조지프 콘래드의 심리소설. 1998년 미국 출판사 모던라이브러리가 꼽은 20세기 최고의 영어소설 100선 중 85위를 차지했다.

17 〈소예언자〉: 스코틀랜드의 작가이자 정치인인 커닝햄 그레이엄의 단편소설. 소설 속에서 예언자는 자신의 신념을 열정적으로 전달하지만, 대중은 그의 메시지에 귀 기울이지 않고 하나둘씩 사라져 결국 혼자 남겨진다. 그러나 그는 자신의 일이 완료되었다는 만족과 내면의 평화를 느끼며 집으로 돌아간다.

제(Emperor of Elam)》[18]에 나오는 마이클, 로렌스 스턴(Laurence Sterne)의 《신사 트리스트럼 섄디의 인생과 생각 이야기(The Life and Opinions of Tristram Shandy, Gentleman)》[19]에 나오는 토비 삼촌, 그리고 조지 엘리엇(George Eliot)의 《아담 비드(Adam Bede)》[20]에 나오는 포이저 부인의 인물

---

18 《엘람의 황제》: 19~20세기 미국의 작가 H. G. 드와이트의 단편소설집. 작가의 은근한 반어법과 인간 본성에 대한 통찰이 담겨 있다.

19 앞에서도 언급한 로렌스 스턴은 밀란 쿤데라, 살만 루슈디 같은 모더니스트와 포스트모더니스트 작가들이 사용한 서사 기법과 스타일의 선구자로 여겨졌다. 발자크, C. S. 루이스, 헤르만 헤세는 각자 자신의 작품에서 이 소설의 인물들을 언급하기도 했다.

20 조지 엘리엇이 당시 존경받는 학자였음에도 메리 앤 에반스(Mary Ann Evans)라는 필명으로 출판한 역사소설.

묘사를 읽어 보시길 바랍니다.

이들을 읽을 시간이 없는 매우 바쁜 사람이라면, 찰스 디킨스의 《크리스마스 캐럴》에 나오는 스크루지 영감이나, H. G. 웰스(Wells)의 소설집 《인생의 색채(The Color of Life)》에 등장하는 노동자를 연구해 보십시오.

5. 위험한 열정

　야심이 가득하지만 경험은 부족한 항해자들의 난파선들이 흩어져 있는, 또 다른 문학적 위험지대가 있습니다. 젊은 작가가 불의를 망설임 없이 증오한다는 바로 그 사실이 일종의 왜곡을 낳습니다. 사회적 위치에 따라 자신의 등장인물들을 너무 검거나 너무 희게, 전부 악하거나 전부 선하게 만듭니다. 그는 애국심이라고 불리는 반사적 이기주의만큼이나 심각한 계급 이기주의에 시달립니다. 그의 판단은 계급 편견에 의해 왜곡됩니다. 그가 열정에 불타고 흥분에 휩싸여 있기 때문에 왜곡이 발생합니다.

그의 영웅들은 가난한 사람들이고, 그의 악당들은 부유하고 강력한 귀족들입니다. 부유함뿐만 아니라 가난도 고난과 불행을 수반할 수 있다는 사실을, 사회학적 성향을 가진 작가는 종종 제대로 보기를 거부하거나 보더라도 고의로 부정합니다. 가난의 손아귀에서 조금 벗어났다고 해서 걱정, 고난, 절망이 사라지는 건 아니라는 사실을 그는 보지 못합니다. 임금을 받는 노동자들이 겪는 불의가 그들과 같은 노동자들에 의해 처리된다고 해서 줄어들지는 않을 거라는 사실은 완전히 간과됩니다. 그래서 엄청난 과장과 유형화가 발생합니다.

여러분은 조지 버나드 쇼의 《비사회적 사회주

의자(An Unsocial Socialist)》[21]에서 이런 점을 약간 볼 수 있을 것입니다. 월트 휘트먼도 초기에 비슷한 방식이었습니다. 진보 운동의 소설은 계급 의식으로 가득합니다.

물론 이런 일은 근본적으로 자기 자신, 또는 계급에 대한 지나친 사랑 때문입니다. 결과적으로 나쁜 작품이 되고, 그렇기 때문에 아무것도 이루지 못합니다. 독자가 숨겨진 동기를 꿰뚫어 보기 때문입니다. 더욱이 그런 소설은 있는 그대로 기록하지 않습니다. 왜냐하면 여러분도 아시다시피 임금 노동자들 중에도 악당과 신사가 있고, 자본가들 중에도 악당과 신사가 있기 때문입니다. 비열한 가난한 사람도 있고, 비열한 부자도 있습니

---

21   1925년 노벨문학상 수상자인 조지 버나드 쇼가 1884년에 연재한 소설로, 초기 사회주의 운동 상황을 보여주는 작품.

다. 정직과 부정직, 진실과 거짓, 공정한 거래와 불공정한 거래는 지위나 계급과는 완전히 별개의 문제입니다.

실제로 이런 불안정한 토대 위에 세워진 이야기나 소설은 필연적으로 처음부터 끝까지 거짓처럼 들릴 것이고, 등장인물들은 아무도 말하지 않을 문구를 유창하게 쏟아내는 모습으로 그려질 것입니다. 대화는 거짓되고 부자연스러울 것이며, 부자와 가난한 자는 4류 복음 전도자, 집회 열변가 또는 미친 떠벌이처럼 말할 것입니다.

끔찍한 예로, 조지 버나드 쇼의 소설에서 권투선수 캐셸 바이런[22]이 응접실에서 한 사회주의 연설을 보십시오. 나중에 나이가 들어 경험이 풍부

---

22 권투선수와 귀족 여성의 사랑에 관한 1883년 소설 《캐셸 바이런의 직업(Cashel Byron's Profession)》의 주인공.

해진 쇼는 그런 실수를 되풀이하지 않았습니다. 캐셸 바이런과 바바라 소령[23]을 비교해 보시기 바랍니다.

이와 반대인 대가의 예로 윌리엄 모리스의 《존 볼의 꿈(A Dream of John Ball)》[24]을 읽어 봐야 합니다. 만약 그 소설을 읽었다면 여러분은 선량하고 진지한 사제, 타협할 줄 모르는 진실을 말하는 주인공을 잊지 못할 것입니다. 그는 현실에 대한 깊은 믿음을 가지고 있었고 허위, 잔인함, 불의에 깊은 증오심을 가지고 있었습니다. 그 짧은 이야

---

23 무기제조기업과 구세군의 대조적인 도덕성을 묘사한 1905년 희곡 《바바라 소령(Major Barbara)》의 주인공.

24 19세기 영국의 시인, 소설가이자 사회주의자인 윌리엄 모리스(William Morris)의 소설. 1381년 영국의 농민반란을 주제로 한 반역 사제 존 볼의 이야기.

기에서 때때로 부드러움과 애절함이 가미된 독특한 유쾌함과 섬세한 상상력을 기억하게 될 것입니다.

제가 이 소설에 특별히 주목하는 이유는 작가가 인류에 대한 열정에 의해 움직인 사람이기 때문입니다. 모리스는 분명 급진주의자였지만, 그의 급진주의는 깊고 논리적인 정의감, 진실과 현실에 대한 헌신, 그리고 지적 능력과 명확성으로 순화되었습니다. 아마도 영국 문학 전체에서 정의에 대한 열정과 순수한 지성이 결합된 더 좋은 사례는 없을 것입니다.

그럼에도 불구하고, 이 이야기의 목표는 사람들이 그가 마음에 품었던 대의, 즉 사회주의를 이해하도록 이끄는 것이었습니다. 하지만 그 대의에 완전히 반대하는 사람이라도 이 책을 아주 즐겁게 읽을 수 있을 뿐만 아니라, 존 볼의 목표에 공감하게 될 것입니다.

이것은 왜일까요? 어떤 사람은 대의에 대한 열정으로 불타오르면서도 자신이 설득하려는 사람을 멀리하게 만드는 반면, 모리스는 사람들이 반대했던 주장에 공감하고 귀 기울이도록 이끌었을까요? 침례교도가 책을 쓴다고 가정했을 때, 가톨릭교도들이 그 책을 즐겁게 읽을 뿐만 아니라 그것을 통해 침례교 신앙에 관심을 갖게 되는 방식으로 말입니다. 이 방식을 깨닫는다면 모리스가 이룬 과업의 위대함이 명백해질 것입니다.

사실 모리스는 등장인물들의 기쁨과 슬픔을 너무나 생생하게 느꼈습니다. 한마디로 너무나 진실했기 때문에 독자는 묘사된 이상적인 삶 속에서 자신의 편견을 잃었고, 모리스의 상상 속 피조물들과 자신을 동일시하게 되어 그들이 상처받는 것이 자신에게도 상처가 되는 식에 이르렀습니다. 작가와 독자 모두 등장인물 자체에 대한 엄청난 즐거움 때문에 사회적인 통념을 간과했습니다.

찰스 디킨스의 《니콜라스 니클비(Nicholas Nickelby)》[25]와 《작은 도릿(Little Dorrit)》[26]을 읽은 사람들도 마찬가지였고, 두 책 모두 매우 광범위한 영향을 미쳐 첫 번째는 사립학교 시스템의 개혁으로, 두 번째는 채무자 투옥의 폐지로 이어졌습니다.

이와 비슷한 이유로 존 골즈워디의 《재산가

---

25 《니콜라스 니클비》: 1838년부터 연재를 시작한 찰스 디킨스의 세 번째 소설이다. 아버지가 죽은 뒤 어머니와 누이를 부양해야 하는 청년 니클비의 이야기로, 기숙학교의 잔혹함과 아동학대를 고발한 작품.

26 《작은 도릿》: 디킨스가 1855년부터 연재를 시작한 소설이다. 런던의 채무자 수용소에서 태어난 막내딸 에이미 도릿의 이야기로, 영국의 무기력한 관료주의를 비판한 작품.

(The Man of Property)》[27], 크누트 함순의 《땅의 성장(The Growth of the Soil)》[28], 그리고 커닝햄 그레이엄의 《성공》, 《앞으로 나아가다(Brought Forward)》, 《신념》, 《진보》를 읽으면 많은 장점을 배우고 좋은 아이디어를 얻을 수 있을 것이라고 생각합니다.

이외에도 제가 가치 있다고 생각하는 작품들은 잭 런던의 《그는 신념을 버렸다(He Renounced the Faith)》와 조지 버나드 쇼의 《기적의 복수(The

---

27 《재산가》: 영국 작가 존 골즈워디가 1906년 출간한 포사이트 시리즈 중 첫 소설. 포사이트 가문의 이야기를 통해 영국 상류 중산층을 묘사한 시리즈 작품이다.

28 《땅의 성장》: 네덜란드 소설가 크누트 함순의 1917년 소설이며, 1920년 노벨문학상 수상작이다.

Miraculous Revenge)》[29]입니다.

---

[29] 《기적의 복수》는 1885년 발표된 단편 소설로, 신앙에 대한 맹목적 믿음과 인간 심리의 허점을 위트 있게 조명한다.

6. 살인과 폭력

살인, 유혈 사태, 자살 등에 대해 한두 마디 해야겠습니다. 생각해 보면 문학에는 엄청난 양의 피가 흘러 넘치고 있습니다. 저는 제 딸의 책장에서 아무 소설이나 한 권 꺼내 페이지를 획획 넘겨가면서도 살인 장면을 찾아낼 수 있습니다. 청소년 분야 서가의 책들 중에서도 곳곳마다 잔인한 폭력이 난무하는 책을 볼 수 있습니다. 사람들이 쓰러지고, 얻어맞고, 칼에 찔리고, 계단에서 내던져지고, 발로 차이고, 주먹으로 얻어맞습니다. 거의 모든 페이지에 엄청난 무모함이 드러납니다.

이제 저는 의심스럽습니다. 제 자신의 삶을 되돌아보면 결코 조용하지 않았으며 많은 세월을 미개척지에서 보냈지만, 남자 대 남자 사이에 폭력적인 행위를 거의 보지 못했습니다. 폭동, 전쟁, 조직적인 유혈 사태를 말하는 것이 아닙니다. 저는 한 남자가 현장에서 살해당하는 것을 본 적이 있고, 칼싸움 결투 한 번, 술집 소동 한 번, 거기서 아마 네 명 정도 쓰러진 것을 기억합니다.

제 경험은 예외적입니다. 친구들과 이야기해 보면 학창 시절을 제외하고는 한 번도 남자가 주먹을 날리거나 쓰러진 모습을 본 적이 없다고 말하는 사람들이 많습니다. 그것이 일반적인 경험이라고 저는 믿습니다.

많은 사람이 폭력 행위를 한 번도 목격하지 않고도 평생을 보낼 수 있습니다. 분명히 대다수의 사람들은 다른 사람을 때리는 꿈조차 꾸지 않습니다. 세상은 평범합니다. 스콰이어 웨스턴(Squire Westerns)[30]보다 프림로즈 박사(Doctor Primroses)[31] 같은 사람이 더 많습니다. 사람들은 에버렛 트루(Everett True)[32]처럼 서로 싸우고 때

---

30 스콰이어 웨스턴: 헨리 필딩의 소설 《업둥이 톰 존스 이야기》 등장인물. 주정뱅이이며 고집 센 지방 지주로, 거칠고 감정적이며 우악스러운 성격.

31 프림로즈 박사: 올리버 골드스미스의 《웨이크필드의 대리인(The Vicar Of Wakefield)》 등장인물. 영국의 한 시골 교구 목사로, 순진하고 선량하며 도덕적인 인물.

32 에버렛 트루: 미국의 신문 연재 만화 《에버렛 트루의 폭발(The Outbursts of Everett True)》의 주인공. 예의 없거나 무례한 사람을 보면 즉시 분노하고 폭력적으로 응징하는 남자. 항상 폭발적인 분노와 행동으로 사이다처럼 문제를 해결한다.

리는 것보다, 샌디 씨[33]처럼 연설이나 철학적 토론을 더 좋아합니다.

영화에서 4릴 스릴러[34]가 등장한 이후로, 문학에서의 살인은 다소 유행에서 벗어난 것처럼 보입니다. 셰익스피어와 그의 선구자들의 시대 이후로 폭력의 정도가 점차 완화되어 왔습니다. 한때 사람들은 공포와 잔혹함에 열광했습니다. 피나 죽음이 아니면 만족하지 못했습니다. 그들은

---

33 샌디 씨: 로렌스 스턴의 《신사 트리스트럼 샌디의 인생과 생각 이야기》 등장인물인 월터 샌디(Walter Shandy). 작중 주인공 트리스트럼의 아버지로, 철학과 말장난을 좋아하며 지적 유희와 논쟁을 즐긴다.

34 4릴 스릴러: 1910~20년대 무성 영화 시대의 약 40분 분량짜리 스릴러 영화. 추격, 범죄, 반전, 긴장감 넘치는 전개 등이 특징이다. 1릴(reel)은 약 10~15분이며, 4릴은 40~60분 분량이다.

사악한 욕망에 눈이 멀어야 했습니다. 오직 음란함, 잔인함, 황금에 대한 욕망, 파렴치함 또는 악덕이 묘사된 이야기만이 호응을 얻었습니다. 매신저와 포드의 시대[35]에는 어떤 인물도 관능과 연결되지 않은 경우가 없었습니다. 사실 초기 작가들은 사람을 창조할 때 깊은 기초까지 파고들지 않았습니다.

이제는 다릅니다. 인간을 온전히 알아가려는 진지한 시도가 이루어지고 있습니다. 특히 조

---

35 매신저와 포드의 시대: 필립 매신저(Philip Massinger)와 존 포드(John Ford)는 윌리엄 셰익스피어 이후인 17세기 영국 르네상스 후기의 극작가들로, 도덕적으로 타락한 인간의 본성을 거침없이 묘사한 작가들의 시대를 말한다.

지프 콘래드(Joseph Conrad)[36], 커닝햄 그레이엄(Robert Bontine Cunninghame Graham)[37], 존 골즈워디(John Galsworthy)[38], 조지프 허거스하이머(Joseph Hergesheimer)[39], D. H. 로렌스(David

---

[36] 조지프 콘래드: 폴란드 출신의 영국 소설가로, 프랑스와 영국 상선에서의 경험을 바탕으로 항해를 소재로 한 소설을 썼으며, 인간의 정신을 심오하게 탐구했다.

[37] R. B. 커닝햄 그레이엄: 스코틀랜드의 정치인이자 작가. 1928년 스코틀랜드 국민당을 창립하고 1934년 초대 총재를 역임했다. T. E. 로렌스는 독창적이며 세련된 묘사가 특징인 그의 작품을 "가장 위대한 스냅샷"이라며 극찬했다.

[38] 존 골즈워디: 영국의 소설가로, 변호사에서 작가로 전향했다. 대표작 "포사이트 사가" 시리즈는 작가의 100주기를 기념해 BBC에서 26부작 드라마로 방영되기도 했다.

[39] 조지프 허거스하이머: 1922년 〈리터러리 다이제스트〉의 평론가 여론 조사에서 "가장 중요한 미국 작가"로 선정되었다.

Herbert Lawrence)[40] 같은 현대 문학 작가들의 작품에서 이를 볼 수 있습니다. 용감한 인물을 그릴 때, 마치 광기 어린 본능과 파괴적인 본성을 깊이 파헤쳐야만 했던 시대는 지나갔습니다. 이제는 억제할 수 없는 의지나 폭력성이 용기의 핵심으로 여겨지지 않습니다.

현대적이고 더 성숙한 관점은 인물의 성품과 도덕적 내면에 초점을 두고 있습니다. 말하자면, 광폭한 전사의 시대는 끝난 것입니다. 새롭고 빛나는 아이디어는 오직 인물에 달려 있습니다.

물론 이런 성격을 보여주는 의도는 인물의 용기를 표현하기 위함이었습니다. 하지만 누구든

---

40 데이빗 허버트 로렌스는 영국의 작가로, 《채털리 부인의 사랑》으로 잘 알려져 있다. 그가 사망한 뒤 E. M. 포스터는 "우리 시대 최고의 상상력 넘치는 소설가"라고 평가했다.

잠시만 생각하면, 남자가 싸운다는 단순한 사실이 용기의 증거는 아니라는 걸 알 수 있습니다. 겁쟁이이기 때문에 싸움을 시작하거나, 혹은 죽을 때까지 싸울 수도 있습니다.

예를 들어 어떤 남자가 결투를 신청받았다고 가정해 보겠습니다. 인간 본성을 깊이 파고들지 않은 작가는 즉시 도전을 받아들이는 사람이 용기 있다고 생각할 것입니다. 물론 용기가 있으니 싸울 수도 있을 것입니다. 하지만 그렇게 결투하는 두 남자 중 한 명이 다른 한 명보다 훨씬 더 용감할 수도 있습니다.

고통과 죽음을 예견하는 상상력이 풍부한 사람은 상상력이 전혀 없는 사람보다 분명히 더 용감합니다. 마치 어둠을 두려워하지만 그 두려움을 억누르고 어둠속으로 들어가는 소년이 어둠에 대한 두려움이 없는 소년보다 더 용감한 것과 같습니다.

혹은 여론을 매우 신경 쓰는 사람은 겁쟁이로 여겨지느니 차라리 싸울 것이며, 따라서 실제로는 남의 눈을 두려워하는 겁쟁이입니다.

제가 지적하고 싶은 것은 어떤 특정한 행동이 용감한지 그 반대인지를 밖으로 드러나는 면만으로는 단언할 수 없다는 점입니다.

하지만 만약 여러분이 어떤 인물이 너무나 잘 묘사되어 독자가 죽을 때까지 싸우는 남자가 자신의 비겁함 때문에 그렇게 하고 있다는 것을 아주 분명히 알게 될 이야기를 쓴다면, 여러분은 즉시 출판사에 찾아갈 만한 이야기를 만들게 될 것입니다. 주제를 잘 다룬다면 퇴짜를 맞지 않을 거라고 약속합니다.

프랭크 스톡턴(Frank Stockton)의 《숙녀일

까, 호랑이일까?(Lady or the Tiger?)》[41]는 독자에게 의문을 남기고 생각할 거리를 던지는 이야기입니다. 독자에게 미치는 영향은 헨리크 입센

---

41 미국의 작가 프랭크 스톡턴이 쓴 그의 가장 유명한 우화. 《숙녀일까, 호랑이일까》는 프랭크 스톡턴의 가장 유명한 우화다. 옛날 한 왕은 공개 재판을 할 때 피고인이 두 개의 문을 선택하도록 했다. 한쪽 문 뒤에는 숙녀가 있어 이 문을 선택하면 그녀와 결혼해서 그날은 결혼식이 열리고, 다른 문 뒤에는 호랑이가 있어 잔인한 처형식이 펼쳐지게 된다. 왕은 공주에게 신분이 낮은 애인이 있다는 걸 알고 그를 감옥에 가두고 두 가지 문을 선택하게 했다. 공주는 신분을 이용해 자신이 증오하는 여자가 문 뒤에 있다는 것과 문의 위치를 알아냈다. 재판이 열리자 왕은 공주가 애인의 운명을 선택하게 했고, 공주는 한쪽 문을 선택했다. 작가는 그 결말을 밝히지 않고 공주의 생각을 요약했다. 애인을 죽게 하거나 증오하는 사람과 결혼하게 하는 두 가지 중 어느 쪽을 선택해야 했을까 하는 질문으로 소설은 마무리된다.

(Henrik Ibsen)의 《인형의 집(Doll's House)》[42]을 본 뒤에 남는 감정과 비슷할 것입니다. 앞에서 설명한 이야기와 비슷한 관점으로, 독자는 깊은 생각에 빠지게 됩니다.

인물들은 실제로 두 가지 감정 사이에서 갈등하지 않을까요? 싸운 사람은 죽음을 두려워하지 않았기 때문에 싸웠을까요, 아니면 죽음보다 여론을 더 두려워했기 때문에 싸웠을까요? 처음에는 "그는 분명히 겁쟁이였다"라고 말할 수도 있습니다. 하지만 잠시 생각해 보면, 보통 사람이 이 미묘한 구별에 익숙할까요?

---

42 《인형의 집(Doll's House)》은 현대극의 아버지라고 평가받는 노르웨이의 극작가이자 연극 연출가 헨리크 요한 입센의 대표 희곡이다. 남성 중심 사회 속에서 자아실현의 기회가 부족했던 기혼 여성을 다룬 작품으로, 입센의 《인형의 집》 자필 원고는 유네스코 세계기록유산으로 등재되었다.

예를 들어, 평화주의자들은 전쟁 중에 자신의 신념 때문에 감옥에 갔습니다. 평화주의자들은 용감했습니까, 아니면 겁쟁이였습니까? 그들은 죽음의 두려움 때문에 행동했습니까, 아니면 여론과 비겁함이라는 비난에 맞서 싸울 만큼 용감하여 양심을 위해 자신의 자유와 행복을 포기했습니까?

다른 주제, 또는 같은 주제의 다른 각도를 취해 보겠습니다. 보통 사람과 비슷한 인물을 가정해 봅시다. 다소 소심하고, 법의 테두리 안에서 조심하며, 사업을 하느라 자기 시간이 별로 없고, 지출이 수입과 거의 같으며, 불필요하게 다른 사람들의 시선에 노출되는 건 피하고 싶어 하는 인물입니다. 그러나 그는 사려 깊고 법을 준수하는 사람이며, 모든 형태의 사형에 반대합니다. 더욱이 우리들 대부분처럼 그는 육체적 고통을 싫어하며,

닭 한 마리도 죽이지 못합니다. 또한 그는 전쟁에 맹렬히 반대합니다.

어느 날 그에게 '애국심'을 내세우며 폭력을 저지르는 무법적인 폭도들에게 쫓기는 도망자가 찾아옵니다. 그는 공포에 떨며 두려워하면서도, 도망자를 숨겨 줍니다.

여기서 육체적 용기와 도덕적 용기 사이의 대립이 있습니다. 그의 창백한 안색과 두려워하는 표정을 본 폭도들은 그를 완벽한 겁쟁이라고 생각할 것이고, 그 자신도 분명히 그렇게 인정할 것입니다. 그러나 그의 동기를 알면, 우리는 그가 본질적으로 용감하다는 것을 알 수 있습니다. 목표를 위한 의식적인 노력으로 두려움을 이겨냈기 때문입니다.

제가 보기에 용기를 보여주는 단편 소설을 쓰

고자 한다면, 굳이 폭력에 의존할 필요가 없다는 것을 충분히 보여준 것 같습니다.

7. 플롯과 개연성

플롯에 대해 말할 것은 별로 없는 것 같습니다. 소설 작법서 중 어떤 것들은 두께가 상당하고, 그 중 3분의 1 이상이 문법 핸드북을 서툴게 흡수한 것처럼 보이는데, 이들이 플롯에 큰 비중을 둔다는 점에 주목합니다.

저는 가장 중요한 첫째는 '인물을 창조하는 것'이라고 생각합니다. 여러분은 자연스럽게 보조 인물들을 창조할 것이고, 그들로부터 상황이 발생할 것이며, 그 상황이 플롯이 됩니다. 하지만 그

외의 부분에 대해서 상상력이 풍부한 사람은 온갖 이상하고 예상치 못한 작은 것들에서 이야기 아이디어를 찾을 것이라고 믿습니다.

H. G. 웰스는 어딘가에서 작은 연못에 떠 있는 잎사귀를 보았는데, 그 잎사귀가 카누를 연상시켰고, 카누는 다시 고독한 남자를 연상시켰다고 말했습니다. 거기서 〈에피오르니스 섬(Aepyornis Island)〉[43] 이야기가 탄생했습니다. 그의 다른 이야기들을 살펴보면, 아이디어의 씨앗이 무엇이었을지 분명히 발견할 수 있습니다.

그의 작품 중 《눈먼 자들의 나라(The Country of the Blind)》가 있는데, 야심 찬 작가라면 모두 읽어야 합니다. 그 이야기는 "눈먼 자들의 나라에서는 외눈박이가 왕이다"라는 속담에서 비롯되었다는 것을 쉽게 알 수 있습니다.

---

43 〈에피오르니스 섬〉: 1894년에 출간된 단편소설.

마당에서 여러 마리 닭들이 돌아다니는 걸 지켜본 사람은 많을 것입니다. 만약 닭들이 사람보다 훨씬 커진다면 무슨 일이 일어날까 하는 호기심이 문득 생겼을 수도 있습니다. 하지만 그것을 이야기로 만들겠다는 생각을 한 사람은 웰스였습니다. 《신들의 양식은 어떻게 세상에 왔나(The Food of the Gods and How It Came to Earth)》[44]를 읽은 사람이라면 누구나 인정하겠지만, 이것은 대단한 소설입니다.

그리고 단편 소설 작가들의 왕인 R. B. 커닝햄 그레이엄이 있습니다. 저는 그의 단편집 《앞으로 나아가다》를 집어듭니다. 이 책은 스케치라고 할

---

44 《신들의 양식은 어떻게 세상에 왔나》: 1904년에 출간된 웰스의 소설. 거인이 되는 음식을 발명한 과학자들에 대한 이야기로, 만화, 영화, 연극 등으로 다양하게 각색되었다.

수 있습니다. 책이 시작되는 첫 페이지를 봅니다. 〈북동풍과 함께(With the North-East Wind)〉라는 짧지만 엄청나게 생생한 키어 하디의 장례식 묘사가 있습니다. 여러분이 직접 읽어 보셨으면 좋겠습니다. 그레이엄은 경이롭습니다. 누구도 그의 묘사처럼 모든 부분과 색조를 정확하고 세밀하게 형상화하지 못했습니다. 다음은 그 시작 단락입니다.

"북동쪽에서 밀려온 해무가 도시 전체를 잿빛 장막처럼 덮어씌웠다. 돌로 지어진 집들과 돌길은 그 탁한 회색에 섞여 어디서 벽이 끝나고 도로가 시작되는지조차 분간이 어려웠다. 공기에조차 작은 잿빛 먼지가 떠다녔고, 모든 것이 그 빛에 물든 듯했다. 사람들의 얼굴엔 가을의 첫 냉기가 닿은 듯 핏기가 가셨고, 바람이 매섭게 불어닥치고 가끔 돌풍이 휘몰아쳐 그을

음 묻은 낙엽들은 언덕 아래 고지대 거리를 이리저리 날아다녔다. 이토록 적막하고 쓸쓸한 날엔, 삶이라는 것에서 그냥 조용히 물러나도 괜찮을 것 같다는 생각마저 들게 했다."

긴 인용을 삼가겠다고 마음먹었지만, 이 부분을 여러분에게 보여드릴 수밖에 없습니다. 왜냐하면 저에게는 군중 묘사 중 가장 놀라운 부분으로 보이기 때문입니다. 그레이엄의 묘사 방식에 주목하십시오.

"존 퍼거슨이 거기 있었다. 옛 아일랜드 지도자이자 데이빗과 버트의 오랜 동지였던 그는, 긴 프록코트를 걸치고, 한 손엔 서류뭉치를 들고, 다른 손은 가슴 안주머니에 찔러 넣은 채, 마치 살아남은 마지막 로마인처럼 꼿꼿하게 서 있었다.

그 옆에는 검은 머리칼과 번뜩이는 눈빛, 그리고 욕설이 섞인 격정적 연설로 유명한 톰 맨.

그 뒤편에는 파크헤드 출신 샌디 해도가 있었는데, 말투는 투박한 사투리에, 목엔 회색 울 목도리를 칭칭 감고, 손은 마치 문짝처럼 크고 두꺼웠다.

챔피언은 창백하고, 말랐으며, 어딘가 흥미로운 인상을 지녔다. 사회주의자이면서도, 여전히 포병 장교 같은 기품이 남아 있었다.

존 번스, 그리고 문학을 좋아하던 짙은 갈색 턱수염의 광부 대변인 스몰도 눈에 띄었다.

스마일리도 있었다. 일곱 번이나 선거에 나선 이력이 있고, 한때 탄광의 계량 담당자였던 그였다.

또한 듣기 좋은 목소리를 지닌 쇼 맥스웰, 어두운색 선글라스 너머로 세상을 매섭게 바라보던 치졸름 로버트슨, 그리고 그의 옆엔 붉그

스름한 띠를 허리에 두르고, 금빛 곱슬머리가 후광처럼 번지는 브루스 글레이저가 시인 반 혁명가 반 같은 풍모로 서 있었다."

만약 여러분이 제가 주장하는 바가 결국 인물 묘사라는 본질이라는 것을, 이 몇 가지 가벼운 터치 속에서조차 보지 못한다면 이 책을 쓴 저는 시간을 낭비했을 뿐일 것입니다.

다른 페이지로 넘어가서 〈소예언가(A Minor Prophet)〉를 찾아냅니다. 그것은 사랑과 교제의 복음을 전파하기 위해 움직인 한 남자의 이야기인데, 그는 주제에 몰입하여 계속 설교하며, 자신의 작은 청중이 하나씩 떠나가는 사실을 전혀 의식하지 못합니다.

"그는 말을 멈추고 주위를 둘러보았다. 그는

완전히 혼자였다. 소년들은 슬며시 사라졌고, 술집 쪽으로 사라지는 마지막 노동자의 다부진 등만 겨우 보였다."

"설교자는 한숨을 쉬며 더러운 손수건으로 이마의 땀을 닦았다."

"그리고 모자와 우산을 집어 들고, 파란 눈으로 잠시 먼 곳을 바라보는 듯했다. 그는 경쾌하게 집으로 걸어갔다. 내면의 불꽃이 육체를 이겼고, 이제 자기 일이 끝났다는 것을 의식하며."

정말 훌륭한 글의 훌륭한 결말입니다. 그러나 '플롯'을 보는 관점으로 이 이야기는 설교하기 위해 움직였지만 듣는 이를 찾지 못한 한 남자 외에는 아무것도 없습니다.

H. G. 드와이트의 〈목욕하는 사람들(The Bathers)〉은 일류 작품이지만, 짧은 씨름 외에는 아무 일도 일어나지 않습니다. 하지만 이 이야기는 감동적이고 극적입니다. 우리는 백 가지 섬세한 성격과 기질의 그림자를 볼 수 있습니다. 그러나 독자에게 제시되는 것은 내면의 성향과 기질의 보이지 않는 세계입니다.

저는 '개연성' 또는 '그럴듯함'이 편집자들의 수락 여부에 영향을 미친다고 생각하지 않습니다. 그것이 익룡에 관한 것이든 요정에 관한 것이든, 악마나 천사에 관한 것이든, 이야기로서의 장점이 중요할 것입니다.

여러분은 H. G. 웰스가 여러 가지 방식으로 세상을 종말시키는 것을 보았습니다. 그가 동물을 인간의 형태로 조각하거나(《모로 박사의 섬(The

Island of Doctor Moreau)》[45]), 천사가 총에 맞거나(《멋진 방문(The Wonderful Visit)》[46]), 4차원으로 도약하거나(《데이비슨 씨의 눈 이야기(The Story of Mr. Davidson's Eyes)》[47]), 또는 수십만 년 후의 미래로 여행하는 것을 보았습니다(《타임 머신(The

---

45 《모로 박사의 섬》: 1896년 출간된 SF 소설로, 동물의 생체 해부를 통해 인간과 유사한 하이브리드 생물을 만드는 모로 박사를 그려낸 이야기.

46 《멋진 방문》: 1895년에 쓴 빅토리아 시대의 영국을 풍자한 소설.

47 《데이비슨 씨의 눈 이야기》: 1895년에 출간된 SF 소설로, 실험실에서의 우연한 사고로 주인공이 자신의 눈으로는 보이지 않는 먼 곳의 풍경을 볼 수 있게 되면서 벌어지는 기묘한 이야기.

Time Machine)》[48]). 하지만 항상 현실성이 있습니다. 그가 들려주는 이야기가 진짜일 수 없다는 것을 우리는 알지만, 그와 함께 그것이 진짜라고 믿으려 합니다.

만약 여러분이 아주 멋진 요정 이야기를 상상할 수 있다면, 그것을 쓰십시오. 마크 트웨인은 미생물에 관한 이야기[49]를 썼고, 쥘 베른은 포탄을 타고 달까지 여행하는 이야기[50]를 썼습니다. 이

---

48 《타임 머신》: 1895년에 쓴 SF 소설로, 빅토리아 시대 과학자가 서기 802,701년으로 가서 여행하는 이야기.

49 《세균들 사이에서 3000년(3,000 Years Among the Microbes)》. 마크 트웨인이 죽은 뒤 출간된 SF 소설.

50 《지구에서 달까지(From the Earth to the Moon)》. 쥘 베른의 1865년 소설로, 과학적인 사실을 밝혀내기 어려운 시기였음에도 소설의 일부는 놀랍게도 현실과 비슷했다는 점이 인상적인 SF 소설이다.

둘 사이에는 여러분을 위한 충분한 공간이 있습니다.

사실 바로 지금 리얼리즘이 대세든 아니든 현실적인 이야기들은 산더미처럼 쌓여 있지만, 언제든지 SF 판타지 소설이 인기를 끌 수도 있습니다. 그러니 비개연성 등에 대한 경고를 하는 교수들의 말에 귀 기울이지 마십시오.

여러분이 써야 한다고 느끼는 것을 쓰십시오. 왜냐하면 써야 한다면 써야 하는 것이고, 글쓰기에 대한 충동이 없다면, 아무리 많은 책을 읽거나 강의를 들어도 여러분에게 아무런 도움이 되지 않을 것이기 때문입니다.

8. 성(性)에 대하여

윌리엄 매리언 리디[51]는 요즘 유행처럼 번지는, 성(性)과 관련된 주제를 지나치게 강조하는 문학 경향을 다소 개탄했습니다. 우리가 이 문제에 대

---

51 윌리엄 매리언 리디(William Marion Reedy): 19~20세기 세인트 루이스에서 활동한 편집자로, 여러 유명한 시인을 자신의 신문 〈리디의 거울(Reedy's Mirror)〉에 실어 독자들에게 소개했다. 그가 사망한 뒤 찰스 핑거는 〈리디의 거울〉의 편집장 대행을 맡았다.

해 이야기를 나누는 중에 솔직하고 명확한 사고를 가진 작가 프랭크 퍼트넘도 합류했습니다. 우리 셋은 청교도적 사고방식이 없는 편집자들이었고, 거의 모두 의견이 일치했습니다. 우리는 성 문제를 너무 지나치게 신경 써야 할 때 일종의 왜곡이 발생한다는 거친 결론에 도달했습니다.

오해하지 마십시오. 우리 중 누구도 부분적으로는 저속하지 않은 사람은 없지만, 우리는 우리 삶에서 성이 다른 것들에 비해 차지하는 부분이 매우 작다는 것을 알았습니다. 문학에서는 실제 삶에서와 거의 같은 비율을 차지해야 하는 것처럼 보였습니다. 삶에는 자신을 파는 여자들, 유혹하는 남자들, 유혹자를 끌어들이는 여자들, 그리고 성 때문에 온갖 문제에 휘말리는 사람들이 있습니다. 그렇다면 그것을 숨기거나 그들과 다른 척하는 것은 어리석은 일입니다. 작가는 입에 발린 소리를 해서는 안 됩니다.

하지만 성적인 욕구에 지나치게 집착한다면, 그건 비뚤어진 일탈의 환상일 뿐입니다. 올바르고, 억제되고, 매력적인 미덕과 인간 사이에는 행복한 중간 지점이 있습니다. 물론 인간에게는 피가 솟아오르는 감각의 충동이 있지만, 그 외의 다른 것도 있습니다.

불행히도 우리는 거짓된 가식에 빠져 있습니다. 아마도 문학에서 성에 대한 과도한 집착을 일으키는 건 그에 대한 반항일지도 모릅니다.

만약 우리가 그 상황을 똑바로 보고 정신을 차리게 하는 데 성공한다면, 매우 훌륭한 일이 될 것입니다.

헨리 필딩의 톰 존스는 물론이고, 스몰렛

(Tobias Smollett)[52]이나 스위프트(Jonathan Swift)[53], W. L. 조지(Walter Lionel George)[54], D. H. 로렌스(David Herbert Lawrence)[55], 조지 무

---

52 토비아스 스몰렛: 18세기 영국 작가로, 바닷가 배경의 모험담에 외설에 가까운 성적 풍자와 거친 현실 묘사를 섞어 검열을 받았다.

53 조너선 스위프트: 17~18세기 영국 작가로, 그의 대표작인 《걸리버 여행기》에는 신랄한 풍자와 종교, 권력, 도덕적 위선에 대한 통렬한 비판이 담겨 있다.

54 W. L 조지: 19세기 영국 작가로, 여성의 자율성을 주제로 다루며 페미니즘 성향의 선구적 작가로 평가받는다.

55 D. H. 로렌스: 19세기 영국 작가로,《채털리 부인의 사랑》은 성 묘사가 노골적이라는 이유로 수십 년간 금서가 되어야 했다.

어(George Moore)[56], 심지어 저 위대한 작가 셰익스피어의 소네트(Sonnets)[57]조차도 오늘날 미국에서는 자유롭게 다룰 수 없을 것입니다. 발자크(Honoré de Balzac)[58]나 모파상(Guy de

---

56 조지 무어: 19~20세기 영국 작가로, 성, 종교, 계급 문제를 직설적으로 다루었다.

57 소네트: 유럽 정형시의 한 종류로, 윌리엄 셰익스피어의 소네트들은 고전으로 인정받지만 남성 간의 애정, 성적 갈망, 육체와 시간에 대한 묘사 또한 담겨 있다.

58 오노레 드 발자크: 19세기 프랑스 작가로 권력, 욕망, 탐욕, 성적 야망을 현실적으로 묘사해 인간 욕망의 어두운 면을 낱낱이 보여주었다.

Maupassant)[59], 뮈르제(Henri Murger)[60], 몰리에르(Molière)[61] 같은 작가는 더 말할 것도 없습니다.

이처럼 외국 작가들의 뛰어난 작품 중 상당수는 건전하지 않다는 이유로 금기시되고 있으며, 반면 누구나 알고 있듯 노골적인 포르노그래피는 암암리에 활발히 유통되고 있는 게 현실입니다.

---

59 기 드 모파상: 19세기 프랑스 작가로, 짧고 강렬한 단편으로 성, 위선, 사회적 계급의 이중성을 폭로했다.

60 앙리 뮈르제: 19세기 프랑스 작가로, 예술가들의 가난과 자유로운 사랑, 방탕한 도시 생활을 묘사했다.

61 장바티스트 포클랭(Jean-Baptiste Poquelin): '몰리에르'라는 필명으로 활동한 17세기 프랑스 희곡 작가. 위선적인 종교인과 도덕주의자들을 희극적으로 풍자해, 당시 교회에서 상연 금지령을 받을 정도로 도발적이었다.

9. 그렇게 그들은 결혼하고 행복하게

저는 지금 막 흔한 소설 원고 더미, 내일이면 사라질 종류의 소설들을 집어 들고 마지막 페이지를 펼쳤습니다. 어딘가에서 이러한, 혹은 이와 비슷한 문장들을 발견했습니다.

"그녀는 그의 품으로 뛰어들었다."

"결혼 행진곡의 선율이 바람에 실려 왔다."

"나는 오직 너를 위해 살았다."

그리고 검토를 위해 제출된 열 편의 단편 소설 중 아홉 편이 아내를 얻는 문제에 대해 다루고 있다는 것을 발견했습니다. 이제 모든 사람이 분명히 알고 있듯이 인생의 문제는 결혼으로 끝나지 않으며, 오히려 결혼과 함께 시작됩니다. 결혼은 이상적인 상태도 아니며, 슬픔의 끝이나, 모든 문제의 해결책이 아닙니다. 사실 현재의 경제 상황에서는 그것은 정확히 '둘만의 이기주의'라고 불리는 것입니다.[62] 두 사람을 영원히 묶는 것은 언

---

62 미국의 1920년대는 '광란의 20년대(Roaring 20's)'라고 불리며, 전쟁으로부터의 회복, 건설 붐 등으로 몇몇 선진국에서 경제 성장과 번영을 누린 10년이었다. '둘만의 이기심(an égoïsme à deux)'은 프랑스어 표현인데, 연인 관계나 결혼 관계가 타인이나 사회 전체와의 연대보다는 오직 두 사람의 관계에만 집중하고, 외부에는 무관심하거나 배타적인 상태를 말한다. 작가는 이 표현을 사용해 1920년대 미국의 경제 상황 아래에서의 인간관계, 특히 혼인관계가 사회적 책임이나 공동체 정신 없이, 오직 사적인 만족과 안락에만 몰두하는 형태로 전락했다고 비판하고 있다.

제 어떤 상황에서든 위험한 일입니다. 유일하게 가능한 개선책은 남편과 아내 사이에 지적인 관심사의 공유인데, 우리가 알다시피 그런 경우는 극히 드뭅니다. 보통은 서로 불만과 잦은 다툼이 있을 것입니다.

당사자인 두 사람은 너무 자주 함께합니다. 관습이 남자가 다른 여자친구를 사귀는 것을, 그리고 여자가 남자친구를 사귀는 것을 막는다는 바로 그 사실이 문제를 악화시킵니다. 두 사람은 다소 고립되어 그에 대한 반항이 일어납니다. 겉으로 드러나지 않더라도 숨겨져 있을 수 있습니다.

첫째로 맹렬한 성적 욕구가 충족되면 사랑은 차가움으로 변하고, 차가움은 자연스럽게 싫어함으로 변합니다. 그리고 아마도 아이들이 태어나고, 결혼은 남자에게는 끝없는 걱정과 불안, 여자에게는 끝없는 수고가 따릅니다. 관계는 해체 불가능한 파트너십으로 전락합니다. 너무나 지루하지만 우리는 이를 미덕이라고 불립니다. 늙고 한가한 노부부가 앞마당 현관에서 서로를 향해 하품하는 완전히 공허한 모습을 이상적인 사랑의 모델이라고 말합니다. 결혼 생활에 들어섰을 때 생기는 문제들의 목록은 한 권의 책으로도 다 담을 수 없을 것입니다. 그러니 글을 쓸 때 환상을 품지 않도록 사물을 있는 그대로 그리십시오. 실제 삶과 동떨어진 모습을 그리지 마십시오.

에드워드 카펜터(Edward Carpenter)는 그의 《사랑의 성인식(Love's Coming of Age)》[63]에서 이

---

63 영국의 시인, 철학자이자 사회주의자이며, 동성애자 인권의 초기 운동가인 에드워드 카펜터의 《사랑의 성인식》은 20세기 초 남녀 간의 복잡한 역학 관계를 탐구한 에세이 모음집이다. 성, 사랑, 관계를 둘러싼 사회적 구성이라는 주제를 깊이 있게 다루며, 본문의 서두에서는 성적 열정의 보편적 본질과 그것이 사회적 규범과 기대에 의해 종종 제약받는 방식에 대해 소개한다.

주제에 대해 많은 것을 말합니다. 이 작은 책은 건전한 상식으로 가득합니다. 삼각관계처럼 치정에 얽힌 관계가 아닌 남녀의 성관계에 대한 이야기가 많이 수록되어 있고, 문예지 〈스마트 세트〉는 이에 대해 많은 페이지를 할애해 다루었습니다.

하지만 미국인들은 조너선 스위프트 다음으로 가는 풍자 작가인 윌리엄 새커리가 이 주제에 대해 탁월한 재주를 발휘했다는 사실을 잘 모르고 있습니다. 그의 작품에 등장하는 커플들은 독자에게 일련의 경고처럼 다가옵니다. 우리는 그의 작품을 재미있게 읽다가, 우리의 실제 삶 속에 있는 바로 그 소설 속 인물들을 인식하게 됩니다.

우리는 그가 보여준 블랑쉬 양(Miss Blanche)[64]을 압니다. 순교자 행세를 하고, 항상 눈물이 가득하며, 민감한 자신의 마음에 공감해 줄 남편을 잡으려 합니다.

우리는 오다우드 부인(Mrs. O'Dowd)[65]을 보았습니다. 거만하고 자랑스럽고 교만하며, 자신이 손댈 수 있는 모든 독신 남자를 결혼시키려고 합니다.

---

64 블랑쉬 양: 《새로 온 사람들(The Newcomes)》의 등장인물. 동정심을 유도해 남편감을 구하려는 인물이다. 상류 사회의 위선과 겉치레를 풍자한 소설로, 순수와 허영, 사랑과 이익 사이의 갈등을 그렸다.

65 오다우드 부인: 《허영의 시장(Vanity Fair)》의 등장인물로, 거칠고 거만하며 주변의 독신남을 억지로 짝지으려 드는 중년 여성이다. 이 소설은 나폴레옹 전쟁기를 배경으로, 영국 상류층의 허위와 야망을 파헤친다.

우리는 심하게 질투하며 남편을 지독히 힘들게 하는 아멜리아(Amelia)[66]들을 압니다.

헬렌 펜데니스(Helen Pendennis)[67]처럼 어리석고 교육받지 못했으며 청교도의 엄격함으로 가득 찬 시골의 보수주의자를 우리는 여럿 떠올릴 수 있습니다.

---

66 《허영의 시장》에 등장하는 아멜리아는 병적으로 질투심이 강하고, 남편을 옭아매며 불행하게 만드는 여성으로 그려진다.

67 《펜데니스(Pendennis)》의 등장인물 헬렌 펜데니스는 주인공 아서 펜데니스의 어머니이며 무식하고 고지식한 시골 출신의 여성으로, 도덕적 엄격함을 무기로 삼는 인물이다. 이 소설은 주인공 아서 펜데니스의 어린 시절부터 성인기까지를 다루며, 새커리의 다른 작품인《허영의 시장》과 마찬가지로 19세기 영국의 런던을 배경으로 인간의 본성과 귀족 사회에 대한 풍자를 그려낸다.

우리는 어리석은 술주정뱅이 농부에게 시집간 캐슬우드 부인(Lady Castlewood)[68] 같은 품위 있는 여성들과, 그에 대조적으로 낮은 지성과 교육 수준의 여성들에게 묶인 까다로운 남자들을 기억합니다. 고독 속에서 하품하는 폰토스 가족들(The Pontos)[69]이 있고, 아내가 경멸하는 남편들, 그리고 남편을 경멸하는 아내들이 있습니다.

글을 쓰고 싶다면 새커리를 읽으십시오. 그리

---

68 캐슬우드 부인: 《헨리 에스먼드의 역사(The History of Henry Esmond)》의 등장인물. 고결하고 헌신적인 여성이나, 남편은 폭력적이고 무능력하다. 이 작품은 영국 역사 소설로, 17~18세기 종교와 정치의 갈등을 배경으로 인간관계의 모순과 희생을 그리고 있다.

69 폰토스 가족: 《속물의 책(The Book of Snobs)》에 등장한다. 이 소설은 당시 영국 상류층의 허영과 계급 편견을 날카롭게 풍자했다.

고 결혼의 인연은 하늘에서 맺어 준다는 생각으로 작품을 마무리하고 싶을 때, 하늘은 지상의 행복을 만드는 데는 서툰 일꾼이라는 것을 명심하시기 바랍니다.

10. 주제, 제안, 예시

제가 비뚤어진 성정을 타고났는지, 아니면 세상의 기이한 구석들을 많이 여행하고 이상한 사람들과 살면서 일종의 편견이 생겼는지는 모르겠습니다. 그래서 가끔 저는 제 자신이 매우 안타깝기도 합니다. 하지만 저는 사람들의 흔한 방식으로는 사물을 볼 수 없습니다. 더 큰 문제는 저의 이런 편견이 종종 저와 제 동료들 사이에 거리감을 만든다는 것입니다.

예를 들어, 저는 그 어떤 비법이나 비결 같은

것에서 배울 점을 찾지 못합니다. 다른 사람들이 '숨겨진 진리'에서 배워야 한다고 말하는 '좋은 교훈' 같은 것을 결코 찾아내지 못합니다. 저는 그 비법에서 전혀 엉뚱한 결론만 끌어냅니다. 대중 연설가들이 사람들을 기쁘게 하는 것처럼, 좋은 말을 들을 때마다 제 마음은 다른 날 남부의 환대에 대한 이야기를 읽었을 때처럼 일종의 조사에 빠져 옆길로 샙니다.

저는 남부 사람들이 북부나 동부, 서부보다 낯선 사람들을 더 환대한다는 말이 매우 의심스러웠습니다. 제 경험으로는, 제가 자주 입는 옷차림으로 남부의 도로를 걸어 다닐 때 25명의 운전자 중 1명 정도가 저를 다음 마을까지 태워주겠다고 제안합니다. 그건 제가 북부에서 경험하는 비율과 거의 비슷합니다. 물론 남부에서도 북부와 마찬가지로 이득을 얻거나 호의를 기대할 수 있을 때는, 그러니까 제가 글을 쓰는 사람으로 알려져 있는 곳에서 꽤 차려 입은 상태라면 사람들이 제게 서둘러 존경을 표하고는 합니다. 그들의 손에 이끌려 구경거리, 지역 명소, 경치 좋은 곳을 보러 가게 되기도 합니다. 하지만 제가 평범한 옷을 입고 다닌다면, 남부에서도 다른 어느 곳보다 더 많은 환대를 받지 못합니다. 메이슨-딕슨 선(The Mason and Dixon line)[70] 이남의 감시견은 오하이오(Ohio)[71]나 미네소타(Minnesota)[72]의 사촌만큼이나 불친절합니다.

---

70 메이슨-딕슨 선: 미국 남부와 북부의 감정적인 경계선.

71 오하이오: 미국 중서부에 위치한 주(州)로, 메이슨-딕슨 선의 북부.

72 미네소타: 미국 중북부에 위치한 주로, 오하이오 주와 마찬가지로 메이슨-딕슨 선의 북부.

저는 이것을 여러분의 관점을 설득하기 위해서가 아니라, 제가 가끔 장래에 쓸 단편 소설에 사용하기 위해 작성한 몇몇 메모들을 직접 검토하며 말하는 것입니다. 시간이 주어진다면 저도 이 비슷한 이야기를 만들겠지만, 여러분이 저보다 먼저 해도 좋습니다. 이 점에 대해서 저는 알을 낳고 나서 꼬꼬댁거리는 암탉처럼, 잠재적인 병아리(알)를 생산하고, 당신이 그것을 품어 병아리로 만들어도 좋습니다. 그러니 만약 여러분이 이들 중 어떤 것이든 이야기로 만든다면, 저의 축복을 받으시길 바랍니다.

첫째, 저는 코넌 도일의 강연록을 읽었는데, 그는 사람들이 죽은 뒤 저승에서 영혼의 동반자를 만나게 될 거라고 장담했습니다. 그 책이 출간된 직후, 저는 연인들이 이곳에서 헤어졌을지라도 천국에서 영원히 함께할 것이라는 아이디어를 바탕으로 한 이야기를 다섯 편이나 접수받았습니다.

그런데 저는 그 천생연분이라는 사람에게서 간신히 벗어나 다행이라 여긴 사람으로서, 도일이 제시한 그런 전망에 딱히 기뻐할 수 없을 것 같습니다.

둘째, 비교적 잘 쓰인 어떤 책에서 작가는 노동자가 힘을 합쳐 봉기해 모든 경영자가 곡괭이와 삽, 망치와 톱을 들고 일하게 될 기쁨의 날이 다가올 것이라고 예언했습니다.

저는 이 책을 읽고 이런 이야기를 메모해 두었습니다. 기업에서 뽑은 일류 경영진이 이전 직장에서 기대할 수 있었던 것보다 더 높은 임금을 받고 노동자들을 이끌어 그들이 그토록 갈망하던 승리를 쟁취하는 이야기입니다. 이 이야기는 이렇게 전개됩니다. 노동은 승리를 위한 희생을 감수하려 하지 않으며, 신뢰심이 부족하고, 자기편에게조차 냉담함, 비난, 조롱, 의심으로 대합니다. 그리고 뜬구름 잡는 말과 감상주의에 빠져 있습니다.

이 이야기는 노동자들에게 건전한 교훈이 될 것입니다. 자본은 모든 것을 돈으로 측정하지만, 원하는 것을 얻기 위해선 기꺼이 대가를 치를 줄 압니다. 그래서 결국 자본이 승리합니다. 왜냐하면, 돈이 사람을 움직이기 때문입니다.

셋째, 한 사설은 노동과 자본이 대면할 좋은 시대가 올 것이라고 말했습니다.

저는 그런 좋은 시대를 믿지 않으며, 그러한 만남을 막기 위해 제가 할 수 있는 모든 것을 할 것입니다. 제 이유는 과거에 노동과 자본이 대면했을 때, 그 충돌은 같은 암양에게 반한 두 숫양이 만났을 때와 같았기 때문입니다. 그래서 저는 자본이 가장 낮은 가격으로 최대한 많은 것을 얻어야 하고, 노동은 가장 적은 노력으로 최대한 많은 것을 얻어야 한다는 궁극적인 결정에 도달하는 이야기를 구상합니다. 이러한 상황에서는 합의를 바라는 것이 무의미하며, 제 이야기는 양 당사자가 가면을 벗어던지고 문제에 합의하는 모습을 보여주어야 할 것입니다.

넷째, 저는 어떤 사교모임에서 전국 조직의 간부의 한 시간이 넘는 연설을 들었습니다. 그는 사교모임 활동이 사람을 고양시킨다며, 충실한 회원들을 칭찬했습니다.

하지만 제가 쓰고 싶은 이야기는 이렇습니다. 대부분의 남성들이 사교모임에 참석하는 이유는 그곳이 집과 아내, 아이들로부터의 지루함에서 벗어날 도피처이기 때문입니다. 그들이 말하는 사교모임 활동이란 사실상 근엄한 척 흉내 낼 뿐인 놀이에 불과하며, 종교도 아니고 취미의 대체물조차 될 수 없습니다.

다섯째, 극도로 분노한 한 남자가 지역 신문 편집장을 비난하는 편지를 썼습니다. 그 남자는 자기가 편집장을 제대로 공격했다고 느꼈고, 그가 괴로워 몸부림치는 모습을 상상했습니다.

저는 그 상황에서 신문 편집장이 매우 기뻐했다는 장면으로 이어지도록 메모했습니다. 왜냐하면 항의 편지는 자신이 쓴 과장된 헛소리가 한 번은 읽혔다는 것을 보여주기 때문입니다.

11. 문체에 대하여

문체에 관해 글쓰기 책 저자들은 엄숙한 태도를 취하지만, 조금만 자세히 들여다봐도 그들이 얼마나 허둥대는지 알 수 있습니다.

그들은 칼 밴 벡튼(Carl Van Vechten)[73]의 이야기에 등장하는 인물 하나를 떠오르게 합니다. 큐

---

73 칼 밴 벡튼은 미국의 소설가이자 사진작가로, 여러 소설을 통해 자아의 아이러니와 사회적 위선을 탐구했다.

비즘(Cubism)[74] 작품을 설명하려 실패하고 자신이 그 주제에 대해 아무것도 모른다는 것을 드러내고 만 덩치 큰 여자[75]가 생각납니다. 그 여자는 이런 말을 들어야만 했습니다.

"항상 말이 많지만, 명확한 것은 아무것도 없다."

그리고 문학에서 '문체'를 설명하기 위해 자칭

---

74 입체파: 입체주의라고도 한다. 20세기 초 프랑스에서 일어난 미술 양식.

75 《문신을 한 백작부인(The Tattooed Countess)》은 1924년 작품으로, '백작 부인'은 입체주의 예술 작품을 이해하려 하지 않고 지적인 척하려다 결국 자신의 무지를 드러낸다. 자기애와 궁핍한 풍문과 편견을 풍자적으로 담고 있다. 칼 밴 벡튼의 이전 소설 《눈먼 활잡이(The blind Bow-boy)》, 《불꽃놀이(Firecrackers)》, 《흑인 천국(Nigger Heaven)》과 같은 세계관을 공유하고 있다.

강사들이 나설 때도 정확히 그렇습니다.

아마 이 말을 명심하면 도움이 될 것입니다.

이야기를 들려주려면 두 사람이 필요합니다. 작가와 독자입니다. 작가의 일은 독자를 사로잡고 설득하는 것입니다. 나머지는 다 따라옵니다. 작가는 가장 명료하고, 가장 가까우며, 가장 즐거운 방법을 선택해야 합니다. 그렇게 하는 방식이 그의 문체입니다.

그렇다면 문체는 어떻게 얻어질까요? 이 점에서 헨리 데이빗 소로(Henry David Thoreau)를 여러분의 스승으로 삼으십시오. 그는 이렇게 말했습니다.[76]

---

[76] 미국의 작가이자 철학자인 헨리 데이빗 소로가 1857년 친구인 대니얼 리켓슨(Daniel Ricketson)에게 보낸 편지 일부.

"할 말이 있다면 손에서 놓은 돌이 땅으로 떨어지듯이 저절로 나올 것입니다."

이것이 진실이라는 것을 여러분은 압니다. 물론 사람들은 자신을 표현하는 방식도 각자 다를 것입니다. 하지만 한 사람의 문체가 다른 사람에게는 맞지 않는다는 것을 기억해야 합니다. 모방은 무의미합니다. 제가 문체에 대해 여러분에게 말할 수 있는 것은 이것이 전부입니다.

제가 위에서 말한 것을 화려한 언어로 포장하거나 양파의 겹겹이 중심 핵을 감싸듯이 정교하게 겹겹이 덮을 수도 있지만, 다른 가치 있는 말은 할 수 없을 것입니다. 그럼에도 불구하고, 이 주제에 대해 대가들이 많은 책을 썼고, 제 책장에도 그 책들이 있으므로, 다음 단락에서 문체 전문가들이 말하는 바에 대한 약간의 아이디어를 드립니다. 그런 다음 인기가 없어서 구하기 어려운 책에서 발췌한 특정 구절들을 여러분을 위해 인용할 것입니다. 그래서 여러분 스스로 문체의 놀라운 차이를 볼 수 있도록 할 것입니다.

쇼펜하우어(Arthur Schopenhauer)의 견해를 살펴보십시오. 이것은 그의 《부록과 생략(Parerga and Paralipomena)》[77]에 나와 있습니다.

"모든 평범한 작가는 자신의 타고난 문체를 감추려 한다. (…) 그들이 정직하게 일하고, 정말로 생각한 것을 아주 간단히, 생각한 그대로 말한다면, 이 작가들은 읽을 만할뿐더러 그들 자신의 적절한 영역 내에서는 심지어 교훈적일 것이다.

하지만 그들은 독자에게 자신들의 생각이

---

77 《부록과 생략》: 19세기 독일의 철학자 아르투어 쇼펜하우어가 1851년에 출간한 성찰 모음집.

실제보다 훨씬 더 깊고 심오하다고 믿게 만들려 한다. 그들은 하고 싶은 말을 강제적이고 부자연스러운 방식으로 구불구불한 긴 문장으로 말한다. 그들은 새로운 단어를 만들고, 생각을 빙빙 돌려 일종의 위장으로 감싸는 장황한 문구를 쓴다. 그들은 하고 싶은 말을 전달하는 것과 그것을 숨기는 것 사이의 두 가지 별개의 목표 사이에서 떨고 있다. 그들의 목적은 그것을 학식 있고 심오해 보이도록 꾸며서, 순간적으로 보이는 것보다 훨씬 더 많은 것이 있다는 인상을 사람들에게 주는 것이다."

"좋은 문체를 위한 첫 번째 규칙은 작가가 할 말이 있어야 한다는 것이다."

영국 소설가 아서 퀼러-쿠치 경(Sir Arthur

Quiller-Couch)[78]은 케임브리지 대학 강연에서 이렇게 말했습니다.

"문학에서 기술적으로 나타나는 그것(문체)은 인간 사고나 감정의 모든 음을 쉽고, 우아하고, 정확하게 다루는 능력이다."

다음으로 뷔퐁 백작(Comte de Buffon)[79]을

---

78 아서 퀄러-쿠치 경: 19~20세기 영국의 소설가로, 많은 작품을 펴냈다. 특히 그가 편집한《옥스퍼드 영어 시선집》과 여러 문학 비평으로 유명하다.

79 18세기 프랑스의 철학자, 수학자인 뷔퐁 백작의 1753년 프랑스 아카데미 입회 기념 강연으로, '문체 담론(Discours sur le style)'이라는 제목으로 알려져 있다. 그는 10여 년 동안 모두 44권에 달하는《박물지(Histoire Naturelle)》를 쓰기도 했다.

살펴보십시오.

"문체는 곧 그 사람 자신이다."

다음 구절 또한 이해하고 음미하실 만하다고 생각합니다.

"그러나 그가 계획을 세우고, 일단 자신의 주제에 필수적인 모든 생각을 모아 질서 있게 정리하면, 언제 펜을 들어야 할지 쉽게 알게 될 것이고, 자신의 마음이 창조할 준비가 되었음을 확실히 느낄 것이며, 아이디어를 낳고 싶어 안달이 나서 글쓰기에서 오직 즐거움만을 발견할 것이다. 그의 아이디어는 쉽게 이어질 것이고, 문체는 자연스럽고 준비될 것이다. 이 즐거움에서 태어난 온기는 사방으로 퍼져 각 표현에 생명을 불어넣을 것이며, 활기는 점점 높

아지고, 어조는 고양될 것이며, 대상은 색을 띠고, 지성과 융합된 감정은 따뜻한 빛을 더하고, 그것을 더 멀리 나아가게 하며, 말하는 것에서 말하려는 것으로 넘어가게 할 것이고, 문체는 흥미롭고 빛나게 될 것이다."

여기 존 러스킨(John Ruskin)도 인용합니다.[80]

---

80 존 러스킨은 19세기 빅토리아 시대의 작가이자 사회개혁 사상가로, 그가 24세 때부터 10년 넘게 집필해 5권으로 구성한 《현대 화가들(Modern Painters)》에 수록된 내용이다. 톨스토이는 그를 "영국과 우리 세대뿐만 아니라 전 세계와 모든 시대의 가장 뛰어난 사람 중 하나"라고 표현했다. 성경 마태복음의 한 일화에서 제목을 붙인 책 《나중에 온 이 사람에게도(Unto This Last)》는 정통 경제학의 모순을 지적하며 인간적인 경제학을 제시했으며, 간디는 이 책을 칭송하며 구자라트어로 번역해 소개했다.

"말이 진실을 담고 있을 때에만 언어의 예술은 찬미를 이어간다. 그러나 그 말이 외적인 원칙에 따라 다듬어지는 순간, 그 언어는 가벼워지고 무의미해지며 소멸한다. (…) 고귀하고 올바른 문체는 진실된 마음에서만 비롯된다. 진정성이 없는 사람의 글을 배우기 위해 읽을 필요는 없다. 진정성 없는 사람에 의해 위대한 문체가 창조된 적은 없다."

이제 다시 소로의 말을 들어보십시오.[81]

"글쓰기에 익숙하지 않은 노동자들이 글을 써야 할 상황에 처했을 때 보여주는 그 정밀한 문체의 힘에 감탄하게 된다. 마치 문체의 장식인 간결함과 활력, 진정성이 학교에서보다 농

---

81 소로의 《산책(Walking)》에 수록된 내용.

장과 작업장에서 더 잘 배울 수 있는 것처럼 말이다."

이 글을 읽고 이런 작가들을 보십시오. 강인함의 상징인 잭 런던(Jack London)[82], 자갈투성이 농장의 소년 로버트 번스(Robert Burns)[83], 땜장이 존 번연(John Bunyan)[84], 선원이자 바텐더였던 메이스필드(John Masefield)[85], 방랑자 W. H. 데이비

---

82 잭 런던: 《야성의 부름》, 《불을 피우다》 등의 저자이며, 모험적이고 거칠고 강한 문체로 주목받았다.

83 로버트 번즈: 스코틀랜드 민중 시인으로, 토속적이며 감성적인 언어로 사랑받았다.

84 존 번연: 《천로역정》으로 잘 알려져 있으며, 기독교 우화 문학의 대표격인 작가다.

85 존 메이스필드: 시인으로, 서사시적 감수성이 돋보인다.

스(William Henry Davies)[86], 늘 배고프고 피곤했던 소년 캐러독 에반스[87]. 마지막으로 언급한 캐러독 에반스(Caradoc Evans)는 성경 공부를 통해 영어를 통달했습니다. 다음 구절은 그의 책《나의 이웃들(My Neighbors)》에서 발췌한 것입니다. 아마 존 버니언을 제외하고는 순수한 힘과 문체의 정확성에 대해 이보다 더 좋은 예시는 없을 것입니다.

"우리의 하느님은 거대한 남자시다. 웨일스

---

86 윌리엄 헨리 데이비스: 부랑자 출신 시인으로,《시인의 순례(A Poet's Pilgrimage)》로 유명하며 거리와 삶의 단순함을 시로 표현했다.

87 캐러독 에반스: 웨일스 작가로, 현실적이고 종교적 위선을 풍자하는 강렬한 문체로 논란을 일으켰다.《나의 이웃들》은 웨일스인의 위선과 종교를 풍자했다.

에서 가장 높은 예배당보다 훨씬 더 높고 가장 넓은 예배당보다 더 넓은 남자시다. 그가 설교를 전하러 오시는 약속된 날을 위해 우리는 지붕에 구멍을 내고 벽을 허물 것이다. 우리의 하느님은 길고 흰 수염을 기르시고, 그림책의 산타클로스와 다르지 않으시다. 종종 그는 하늘 바닥에 엎드려 수많은 작은 구멍 중 하나로 우리가 그의 율법을 지키는지 지켜보신다. 우리의 하느님은 프록코트, 풀 먹인 리넨 칼라와 검은 넥타이, 그리고 실크 모자를 쓰시고, 안식일에는 천국의 회중에게 설교하신다."

"천국은 웨일스 예배당과 같은 모습이다. 그러나 그 강단은 금으로 되어 있고, 벽, 의자, 바닥, 지붕, 그리고 시간뿐만 아니라 날짜까지 표시하는 시계는 유리로 되어 있다. 천국의 주민들은 그들이 땅속에 묻혔을 때 입었던 하얀 셔

츠를 입고 있다. 하느님과 그의 천사들, 그리고 예언자들의 언어는 웨일스어다. 그것이 에덴동산에서, 그리고 야곱, 모세, 아브라함, 엘리야가 사용했던 언어이기 때문이다.

우리가 믿는 자인 것은 기적이 아니다. 우리 하느님은 설교자 바로 뒤에 계시고, 설교자의 모습으로 계시며, 우리는 그분을 진정으로 믿는다. 우리가 기도하는 것도 기적이 아니다. 우리 하느님은 우리의 흥정과 속임수 속에도 함께 계신다. 바카 페포스(Bacca Pehffos)[88]는 닭을 사는 사람들이 병든 닭을 못 보게 해달라고 기

---

[88] 바카 페포스는 종교적 신앙과 일상적인 이기심, 교활함이 섞여 있는 인물상을 보여준다.

11. 문체에 대하여

도하고, 숀 포스(Shon Porth)[89]는 큰 분에게 사탄이 그를 유혹하여 임신시킨 여동생을 죽여달라고 요청하고, 이언토 티백(Ianto Tybach)[90]은 말한다.

'하나님, 저에게 좋은 건초 만드는 날씨를 주십시오. 제 형제 에녹을 죽이거나 눈멀게 하시고 제가 아무 문제 없이 그의 밭을 차지하게 하십시오. 저는 여기서 가장 큰 신앙심을 지니고 있습니다. 제가 얼마나 많은 선물을 설교자에게 바쳤는지 그분께 물어보십시오. 그게 다입니다.'"

---

89 숀 포스는 임신한 자신의 누이와 근친상간을 저지른 등장인물이다. 감춰진 타락과 왜곡된 신앙을 보여준다.

90 이언토 티백은 마치 거래를 하는 듯한 기도로 물질적 욕심과 신앙을 착각하는 모습을 보여준다.

이제 아주 다른 문체를 생각해 보겠습니다. 문학적으로 그 누구보다 완벽에 가까이 다가간 찰스 램(Charles Lamb)[91]의 글입니다. 그의 예술은 너무나 교묘하게 감춰져서 거의 부주의한 담화처럼 보입니다.

"나는 음식에 있어서 퀘이커교도(Quakers)[92]가 아니다. 나는 음식의 종류에 무관심하지 않다는 것을 고백한다. 그 기름진 사슴 고기 조각들은 무심한 태도로 먹을 수 없다. 그걸 아무렇지도 않게 삼키는 사람을 싫어한다. 더 고상한 수준의 문제에서는 그의 취향을 의심하게 된

---

91 찰스 램: 섬세하고 유머러스한 산문 작가로, 《Essays of Elia》로 유명하다.

92 퀘이커: 17세기 중반에 시작된 개신교 기독교의 교파로, 금욕주의적이고 절제된 생활 습관을 지킨다.

다. 나는 다진 소고기를 좋아한다고 하는 사람에게 본능적으로 거리를 둔다. 사람의 음식 취향을 아는 것은 마치 그 얼굴 표정을 읽는 것과 같다. 친구 C는 애플파이를 거부하는 사람은 마음이 순수하지 않다고 주장한다. 나도 그가 옳은지는 모른다. 내 순수함이 시들어갈수록 채소류의 맛에 흥미가 줄고 있다. 오직 아스파라거스만은 고수하는데, 그것은 아직도 나에게 부드러운 생각을 불러일으키는 것 같다."

이 시점에서 저는 로버트 스티븐슨(Robert Stevenson)의《게으른 자를 위한 변명》[93]에서 인용

---

93 로버트 루이스 스티븐슨: 19세기 스코틀랜드의 소설가이자 《보물섬》, 《지킬 박사와 하이드》의 저자로, 서정성과 긴박한 서사 문체를 겸비했다. 《게으른 자를 위한 변명(Virginibus Puerisque)》은 그의 인생관이 담긴 에세이다.

할 단락을 찾아내려 30분을 보냈습니다. 하지만 성공하지 못했습니다. 이 훌륭한 에세이에서 한 단락을 떼어내는 것은, 보석을 세공해 일부를 떼어내고 원래 그대로의 광채를 얻으려는 것과 같습니다. 그러니 여러분은 직접 그의 에세이를 읽어 봐야 합니다. 또한 그의 《당나귀와 함께한 세벤여행(Travels with a Donkey)》[94]도 읽어야 합니다.

그리고 이왕 읽는 김에, 드 퀸시(Thomas De Quincey)[95]의 많은 작품과 골드스미스(Oliver

---

94 《당나귀와의 여행》: 로버트 루이스 스티븐슨의 초기 출판 작품 중 하나. 프랑스 남중부인 세벤느의 산을 2주간 여행한 내용으로 야외 하이킹과 캠핑을 레크레이션 활동으로 제시한 최초의 기록 중 하나로 꼽힌다.

95 토머스 드 퀸시: 19세기 영국의 소설가이자 수필가로, 《어느 영국인 아편쟁이의 고백》으로 유명하며, 몽환적 문체를 지녔다.

Goldsmith)⁹⁶의 작품도 잊지 말고 읽으십시오.

---

96 올리버 골드스미스: 18세기 앵글로아일랜드인 소설가로, 《웨이크필드의 목사(The Vicar of Wakefield)》로 유명하며, 단정하고 따뜻한 문체를 지녔다.

12. 방치된 분야

'청소년 문학' 분야에는 충분한 기회와 많은 가능성이 있습니다. 특히 성장기 소녀들에게 어필하는 이야기가 그렇습니다. 특히 독서 단계에서 잡지 〈존 마틴의 책(John Martin's Book)〉[97]을 지나 성 〈성 니콜라스 매거진〉(St. Nicholas

---

[97] 〈존 마틴의 책〉: 1912년부터 1933년까지 미국에서 발행된 어린이 잡지. 주로 5~8세 아동을 대상으로 고급스러운 일러스트와 문학 콘텐츠를 수록했다.

Magazine)⁹⁸으로 접어들었지만 진 스트래튼 포터(Gene Stratton-Porter)⁹⁹나 해롤드 벨 라이트(Harold Bell Wright)¹⁰⁰ 같은 작가의 작품으로 바로 뛰어들고 싶어 하지 않는 영국에서는 〈소녀들

---

98 〈성 니콜라스 매거진〉: 1873년부터 1943년까지 발행된 미국의 대표적인 고품격 청소년 문예잡지다. 루이자 메이 올컷, 마크 트웨인, 루이스 캐럴 등 유명한 작가들의 작품을 실었다.

99 진 스트래튼 포터: 19~20세기 미국의 여성 작가 겸 자연주의자로, 청소년 및 성인 독자 모두에게 사랑받은 베스트셀러 작가. 대표작은 《Freckles》, 《A Girl of the Limberlost》 등 감성적이고 자연친화적인 소설을 썼다.

100 해롤드 벨 라이트: 19~20세기 미국의 인기 작가로, 도덕적이고 종교적인 주제를 담은 소설로 유명. 《언덕의 목동(The Shepherd of the Hills)》 등으로 당대의 베스트셀러 작가였으며, 특히 중장년층에 인기가 있었다.

의 잡지(Girls' Own Paper)〉[101]라는 잘 편집된 잡지가 있었고, 이 잡지는 한때 동부에 수입되기도 했지만 더 이상 수입되지 않습니다. 루이자 메이 올컷(Louisa May Alcott)[102]이나 마가렛 시드니(Margaret Sidney)의 페퍼(Peppers) 시리즈[103]의 빈

---

101 〈소녀들의 잡지〉: 1880년부터 1956년까지 영국에서 발행된 소녀 대상 잡지. 문학, 교육, 종교, 가정생활 등 다양한 내용을 포함. 19~20세기 여성 독자층에 큰 영향력을 끼침. 미국 동부로 수입되기도 했다.

102 루이자 메이 올컷: 《작은 아씨들(Little Women)》로 대표되는 19세기 미국 여성 작가이며 여성 성장소설의 전형을 제시하며 오늘날까지도 널리 읽히는 고전 작가다.

103 마가렛 시드니: 《페퍼 다섯 남매 이야기(Five Little Peppers and How They Grew)》를 시작으로 한 "페퍼(Pepper) 시리즈"로 유명. 소박한 가족 이야기와 도덕적 메시지를 담은 아동문학으로 인기를 모았다.

자리를 완전히 채운 사람은 아무도 없습니다.

   소년들을 위한 좋은 이야기도 비교적 드뭅니다. 비록 이 분야의 선두 주자인 〈청소년의 동반자(The Youth's Companion)〉[104]는 높은 보수를 지급하고, 잘 편집되었으며, 널리 읽히지만 말입니다. 오히려 이전 세대에서 오늘날의 소년들보다 읽을거리가 훨씬 좋았습니다. 마치 청소년 문학과 성인 문학의 경계선 같은 부분인데, 소년들뿐만 아니라 성인들에게도 흥미를 끌었습니다. 쥘 베른의 작품은 훌륭하게 번역되었지만, 우리와 우리 출판사에게는 안타깝게도 무시되고 있습니다. 그의 책들은 폴 드 샤이유(Paul du Chaillu)의

---

104 〈청소년의 동반자〉: 1827년부터 100년 넘게 발간된 미국의 아동 잡지다.

모험 이야기[105]와 함께 수백만 명의 소년들을 더 높은 독서 수준으로 이끌었습니다.

그리고 아인스워스(William Harrison Ainsworth)[106]의 역사 기반 소설, 로버트 밸런타인(Robert Ballantyne)[107]의 소방관, 선원, 구명선 대원 등 모험적인 직업을 가진 사람들의 짧은 이야기들, 그리고 토머스 휴즈(Thomas Hughes)[108]와

---

105 폴 드 샤이유: 미국의 여행가, 인류학자로, 중앙아프리카 피그미족의 존재를 최초로 확인한 유럽인.

106 윌리엄 해리슨 아인스워스: 19세기 영국 역사소설가다.

107 로버트 밸런타인: 19세기 스코틀랜드 아동소설 작가로, 《산호섬(The Coral Island)》로 알려졌다.

108 토머스 휴즈: 19세기 영국의 작가이자 정치인. 당시의 학교와 청소년 문화를 그려낸 《톰 브라운의 학교생활(Tom Brown's Schooldays)》로 알려졌다.

그의 영향을 받은 많은 작가가 쓴 밝은 학교 소년 이야기가 있었습니다. 영국은 오늘날에도 그 방향으로 좋은 작품들을 내놓고 있습니다. 특히 헨리 뉴볼트 경(Sir Henry John Newbolt)[109]이 쓰고 있는 옛 전사들과 새로운 전사들, 용맹스러운 행동과 거친 모험에 대한 이야기가 그렇습니다. 그리고 《카차롯호의 항해(Cruise of the Cachalot)》와 다른 이야기들을 쓴 프랭크 T. 불렌(Frank Thomas Bullen)[110]이나 데이너(Richard Henry

---

109 헨리 뉴볼트 경: 영국의 역사 작가이자 영국 해군의 전쟁 영웅으로, 기사도 정신 등을 주제로 한 글로 소년층에게 영향력이 있었다.

110 프랭크 T. 불렌: 19~20세기 영국의 소설가로, 15년간 바다에서 항해를 한 경험을 바탕으로 집필한 실화 기반 해양 모험 소설로 이름을 알렸다.

Dana)[111]의 훌륭한 후계자인 바질 러벅(Basil Lubbock)[112]도 빼놓을 수 없습니다. 저는 특히 야심찬 작가들에게 이 문학 분야를 살펴볼 것을 촉구합니다.

오늘날 우리의 소년들은 보이 스카우트 이야기, 혼자서 독일 연대들을 격퇴한 턱이 네모난 소년들, 태아기 산업의 거물들, 아마추어 탐정들 등 그런 종류의 이야기들을 질리도록 읽고 있습니다. 우리에게 필요한 것은 소년들의 황금기를 빼앗고 그들에게 사업적 성공의 아이디어를 주입하려 하는 것이 아니라, 그들의 생생한 상상력을 위

---

111 리처드 헨리 데이너: 19세기 미국의 작가이자 변호사로, 상선 선원 경험이 있고 해상법을 전문으로 다뤘으며, 항해 관련한 다양한 저서를 집필했다.

112 바질 러벅: 19~20세기 영국의 작가, 역사가이자 선원, 군인. 해양사 및 항해 관련 논픽션을 많이 쓴 작가.

한 양식을 제공하는 것입니다. 읽는 것 자체를 위한 읽을거리를 주고, 어떤 숨겨진 동기를 위한 것이 아니어야 합니다. 소년들은 야구 경기에서 교훈이 필요하지 않은 것처럼 책에서 교훈을 원하지 않습니다.

바로 이 점에서 저는 보이 스카우트 운동의 프랭클린 K. 매튜스(Franklin K. Matthews)와 이견을 달리할 것입니다. 그는 얼마 전 출판업자 회의에서 읽을거리에 굶주린 천만 명의 소년들을 위한 큰 개척지가 있다고 말했습니다. 여기까지는 좋지만, 출판업자들에게 이 분야를 개척하라고 촉구하면서 그는 한 대학 교수의 부인 말을 인용하며 "일요일 오후에 소년들이 합리적으로 몰두할 수 있는 무언가를 하고 싶다", "부모들은 소년들에게 흥미를 줄 수 있는 무모한 책들을 믿지 않는다"고 말했습니다.

저는 독자 세대를 양성하려면 이 제안과 정반대로 행동해야 한다고 주장합니다. 생각해 보십시오. 매튜스의 인용문을 주의 깊게 읽으면, 천으로 덮인 둥근 테이블에 책들이 수학적으로 배열된 거리를 두고 놓여 있고, 모조 왁스 과일이 유리 덮개 아래 중앙에 있는 최고의 방을 연상시키는 희미하고 고리타분한 분위기를 느낄 것입니다. 또한 단정한 부인이 여러분에게 사무엘 스마일즈(Samuel Smiles)의 《자조론(Self-Help)》 사본을 건네며 "주일이니까 착하게 굴어라"는 훈계를 하는 듯한 느낌도 받을 것입니다.

매튜스 씨와 대학 교수 부인, 그리고 문제를 제기한 부모들이 청소년의 독서를 감시하고, 청소년들에게 무엇이 적절하고 무엇이 적절하지 않은지를 안다는 자만을 드러낼 때, 그들은 자기모순에 빠지는 것뿐만 아니라 청소년들의 적임을 스스로 밝히는 것입니다. 더 나아가 선의로 시작되어 아직 사리사욕에 물들지 않은 보이 스카우트 조직의 기반을 흔드는 일입니다. 금지라는 유행병에 사로잡혀 광분한 그들은 그런 이념을 실천하는 어느 집단에 팔랑거리며 합류한다.

"그 집단은
기묘하고 비뚤어진 반대심리에 몰두하며,
이것저것 따지며 불만을 찾고
늘 불협화음을 일삼는 무리들이다."[113]

---

113 17세기 영국의 시인인 사무엘 버틀러(Samuel Butler)의 장편 풍자시 《후디브라스(Hudibras)》 내용. 후디브라스 대령이 끊임없이 패배하고 굴욕당하는 모습을 보여주며, 그를 제압한 여성이 남성보다 여성이 지적으로 우월하다고 선언하며 끝을 맺는다. 여기서는 보이 스카우트와 같은 청소년의 자율성과 독립성을 성장시키는 활동이 내부의 청교도적 간섭을 받는 것에 대한 비판을 담고 있다.

비록 보이 스카우트 운동이 튼튼하게 성장하고 있지만, 파충류 같은 청교도적 간섭은 분명히 쇠퇴를 초래할 것입니다.

청소년은 아직 순수하게 다듬어지지 않은 인격이며, 그 성격에 영향을 미칠 요소들은 열정, 용기, 관대함입니다. 청소년은 비도덕적이며 비종교적입니다. 그는 관습과 관례에 대한 순수한 경멸을 가지고 있으며, 이기심이 거의 없습니다. 더욱이 그는 자신의 의견에 대한 권리와 자기 선택을 확신합니다. 그가 인류 해방을 위한 선택된 도구라는 것, 그가 일단 속박에서 벗어나면 수세기 동안의 억압에 대한 정의의 승리를 이룰 수 있다는 것, 그가 성인이 되면 모든 잘못을 바로잡을 것이라는 것을 그는 자신의 존재만큼이나 확신합니다. 그의 영웅들도 비슷한 자질을 갖추어야 한다고 그는 주장합니다.

또한 매튜스 씨와 한 대학 교수의 아내, 그리고 반대하는 부모들은 이것을 잘 명심해야 합니다. 보통의 평범한 청소년은 부모, 설교자, 교사들이 편협한 구시대적인 인물이며, 영원히 겉치레를 하거나 뽐내며, 독창성이 전혀 없고, 어리석은 편견으로 가득 차 있다는 깊은 확신을 가지고 있습니다. 청소년들의 생각이 그리 틀린 것은 아닙니다. 그러니 그 불쾌한 참견이 무슨 소용이 있겠습니까?

무모한 책들에 대해 말하자면, 정상적이고 분별 있는 사람이라면, 스티긴스(Stiggins)[114], 펙

---

114 스티긴스: 찰스 디킨스의 소설《픽윅 클럽 여행기》에 나오는 위선적인 술 금지론자이자 종교 지도자. 겉으로 금욕을 주장하지만, 뒤로는 술을 마시는 타락한 인물.

스니프(Pecksniff)[115], 또는 유라이어 힙(Uriah Heep)[116] 같은 위선자가 아니라면, 자신이 어린 시절에 읽었던 그런 종류의 책을 손가락으로 짚으며 "이 책을 읽지 않았다면 더 나은, 더 부유한, 더 건강한 사람이 되었을 텐데……. 오늘날 더 온전하고, 더 성스럽고, 더 현명했을 텐데……"라고 말할 수 있을까요?

---

115 펙스니프: 찰스 디킨스의 1843년 연재소설 《마틴 처즐윗(Martin Chuzzlewit)》의 등장인물로, 도덕과 신념을 내세우며 남을 조종하는, 전형적인 위선자.

116 유라이언 힙: 찰스 디킨스의 1849년 연재소설 《데이비드 코퍼필드(David Copperfield)》에 등장하는 캐릭터로, 지나치게 겸손한 척하면서 음모를 꾸미는 인물.

베키 샤프(Becky Sharp)[117]나 헤스터 프린(Hester Prynne)[118], 또는 트림 상병(Corporal Trim)[119]을 알기 전에 사랑하고 존경하게 된 용감하고 무모한 창조물들과 함께 살아온 독서인이라면, 그들 중 누구 하나라도 기억에서 잊힐 거라고 말할 수 있을까요? 반면에 소년 시절의 영웅들이 행진하는 모습을 상상하면 가슴이 빠르게 뛰거

---

117 베키 샤프: 《허영의 시장》 여주인공으로, 영리하고 야망 있지만, 선하다거나 악하다거나 하는 단편적인 평가를 할 수 없는 복합적인 인물이다..

118 헤스터 프린: 너새니얼 호손의 1850년 소설 《주홍 글자(The Scarlet Letter)》 여주인공이며, 간통죄로 낙인찍힌 여인으로, 죄책감과 사회적 압박 속에서도 존엄을 지키며 살아간다.

119 트림 상병: 로렌스 스턴의 《신사 트리스트럼 샌디의 인생과 생각 이야기》에 등장하는 유쾌하고 충직한 군인이다.

나, 현실을 깨닫기 이전의 황금기를 떠올리면 기쁨의 전율이 오지 않습니까? 그 행렬을 상상해 보십시오! 어떤 서커스 행렬도 그것과 비교할 수 없고, 어떤 시민 축제도 그것을 빛바래게 만들지 못합니다.

   소년들의 발할라의 거대한 철문이 철컹 소리를 내며 열립니다. 로빈 후드(Robin Hood)와 그의 즐거운 무리가 앞장섭니다. 프라이어 턱(Friar Tuck)과 리틀 존(Little John), 윌 스칼렛(Will Scarlett), 그리고 알란-어-데일(Alan-a-Dale)[120]을 볼 수 있습니다.

---

120   프라이어 턱, 리틀 존, 윌 스칼렛, 알란-어-데일: 영국 전설 속 의적 로빈 후드의 동료.

잭 셰퍼드(Jack Shephard)[121]가 뒤따르는데, 날카로운 눈빛과 날렵한 몸놀림으로 족쇄와 수갑을 비웃는 유쾌한 악당입니다. 그의 앞에선 마술사 후디니조차 어릿광대에 불과합니다.

딕 터핀(Dick Turpin)도 그의 아름다운 검은 말 블랙 베스에 올라타 있고, 용감한 클로드 뒤발(Claude Duval)이 카르투슈(Cartouche)[122]와 함께 있습니다.

그리고 몬테크리스토 백작(Count of Monte

---

121 잭 셰퍼드: 18세기 영국의 전설적인 도둑으로, 다섯 차례 체포되어 투옥됐지만 네 차례나 탈옥한 것으로 유명하다. 결국 마지막에는 교수형에 처해졌다.

122 딕 터핀, 클로드 뒤발, 카르투슈: 모두 실존했거나 전설화된 무법자, 의적들.

Cristo)[123]이 신비롭게 나타납니다.

피 묻은 붕대를 감은 키드 선장(Captain Kidd)[124]은 제시 제임스(Jesse James)와 영거 형제(Younger Brothers)[125]와 함께 행진합니다.

침착하고 단호하며 무표정인 필리어스 포그(Phileas Fogg)[126]는 존 L. 설리번(John L. Sullivan)과 제이크 킬레인(Jake Kilrain)[127]과 팔꿈치를 맞댑니다.

123　몬테크리스토 백작: 알렉상드르 뒤마의 복수 소설 《몬테크리스토 백작》의 주인공.

124　키드 선장: 실존한 해적으로, 다양한 매체로 각색되었다.

125　제시 제임스, 영거 형제: 모두 미국 서부의 무법자들.

126　필리어스 포그: 쥘 베른 《80일간의 세계일주》의 주인공.

127　존 L. 설리번, 제이크 킬레인: 실존한 권투 선수들.

콰지모도(Quasimodo)[128]와 달리기 선수 조지, 노 젓는 사람 비치, 롱 존 실버(Long John Silver)와 늙은 퓨(Pew)[129], 가굴(Gagool)[130]과 내티 범포(Natty Bumpo)[131], 고든 핌(Gordon Pym)[132]

---

128 콰지모도: 빅토르 위고의 《파리의 노트르담(Notre-Dame de Paris)》에 등장하는 곱추 종지기.

129 롱 존 실버, 퓨: 로버트 스티븐슨 《보물섬(Treasure Island)》의 해적들.

130 가굴: 헨리 라이더 해거드 경의 《솔로몬 왕의 동굴(King Solomon's Mines)》의 예언자 노파.

131 내티 범포: 제임스 페니모어 쿠퍼의 '가죽 양말 이야기' 시리즈의 주인공.

132 고든 핌: 에드거 앨런 포의 모험소설 《아서 고든 핌의 이야기(The Narrative of Arthur Gordon Pym of Nantucket)》 주인공.

과 철가면을 쓴 남자[133], 앨런 쿼터메인(Allan Quatermain)[134]과 가보리오의 탐정들(Gaboriau's Detectives)[135]이 옵니다.

뉴멕시코의 노란 먼지가 휘날리고 은과 금으로 치장한 원주민 머리가죽 사냥꾼들과 메인 리드 대위의 평원인[136]들이 말을 달리고, 철

---

133 철가면을 쓴 남자: 알렉상드르 뒤마의 소설 속 미스터리 인물.

134 앨런 쿼터메인: 해거드 경의 《솔로몬 왕의 동굴》 주인공으로, 영화 인디애나 존스의 원형이기도 하다.

135 가보리오의 탐정들: 탐정 소설의 선구자 에밀 가보리오(Émile Gaboriau)의 소설에 등장하는 탐정들.

136 아일랜드 출신 소설가 토머스 메인 리드(Thomas Mayne Reid)의 미국 서부 개척 시대 배경 어드벤처 소설 《머리가죽 사냥꾼들(The Scalp Hunters)》의 등장인물들. 아메리카 원주민과 개척민 사이의 긴장과 자유를 그렸다.

의 해적(The Iron Pirate)[137]과 잭 하커웨이(Jack Harkaway)[138]는 팔짱을 끼고 갑니다. 선원, 소방관, 카우보이, 고래잡이, 밀수업자들이 더욱 두터운 무리를 이룹니다. 창, 깃발, 총검, 올가미, 전투 도끼가 겹겹이 쌓인 사람들의 머리 위에 뾰족하게 솟아 있습니다. 거칠고 강한 맹세가 공기를 가득 채웁니다. 강철이 강철과 부딪힙니다. 그리고 영웅들의 무리가 너무나 밀집하여 여기저기서 한두 명을 겨우 구별할 수 있을 정도입니다.

깔끔한 이지 항해사(Midshipman Easy), 해리 로리커(Harry Lorrequer), 피터 심플(Peter Simple),

---

137 《철의 해적》: 19~20세기 영국의 미스터리 모험 소설가 맥스 펨버튼 경(Sir Max Pemberton)이 쓴 해양 모험 소설.

138 잭 하커웨이: 영국 소년 잡지의 인기 캐릭터. 19세기 영국 작가인 브레이스브리지 헤밍(Bracebridge Hemyng)이 창조한, 전 세계를 여행하며 모험을 펼치는 소년 영웅이다.

핸디 앤디(Handy Andy), 퍼시벌 킨(Percival Keene)[139], 뮌하우젠 남작(Baron Munchausen)[140], 철갑옷을 입은 호주 부시 레인저 네드 켈리(Ned Kelley)[141], 무법자 트레이시(Tracy the Outlaw)[142], 발렌타인 복스(Valentine Vox)[143], 도둑 피스(Peace

---

139 이지 항해사, 해리 로리커, 피터 심플, 핸디 앤디, 퍼시벌 킨: 모두 19세기 영국 대중소설의 주인공들.

140 뮌하우젠 남작: 기상천외한 거짓말로 유명한 판타지 인물.

141 네드 켈리: 전설화된 실존 호주 산적.

142 무법자 트레이시: 19세기 실제 범죄자 해리 트레이시를 말하는데, 그를 모델로 다양한 소설, 영화가 만들어졌다.

143 발렌타인 복스: 19세기 영국 작가 헨리 콕턴의 소설 《복화술사 발렌타인 복스의 모험(The Life and Adventures of Valentine Vox, the Ventriloquist)》 주인공.

the Burglar)[144], 아토스(Athos), 포르토스(Porthos), 아라미스(Aramis)[145], 방랑하는 유대인(Wandering Jew)[146]. 그 영광스럽고 황금빛으로 빛나는 은하계에 여자 한 명, 유혹자 한 명, 해로운 금주주의자 한 명도 없습니다. 성인, 정치가, 또는 교화자도 없습니다. 불의하고, 편견을 지니고, 편협한 만한 사람은 아무도 찾을 수 없을 것입니다. 자유와 해방을 위해 활, 철퇴, 단검, 권총 또는 머스킷총을 들고 뛰어들지 않을 사람은 아무도 없을 것이며, 삼손을 제외하고는 단 한 명의 종교적인 인물

---

144 도둑 피스: 19세기 영국의 악명 높은 범죄자. 그의 이야기는 수많은 작가와 영화 감독에 의해 작품으로 만들어졌다.

145 아토스, 포르토스, 아라미스: 《삼총사》의 주인공들.

146 방랑하는 유대인: 유럽 민간설화의 등장인물로, 영원히 방황하는 저주를 받았다.

도 찾을 수 없을 것입니다.

　만약 이 작은 책이 단 한 편의 멋진 단편 소설, 단 한 편의 정말 좋은 모험 이야기, 소년들을 위한 단 한 편의 좋은 이야기로 이어진다면 충분히 가치 있는 일이 될 것입니다. 출판인은 이것을 출판함으로써 그의 세대에 혜택을 줄 것입니다. 그러니 할 수 있다면 시작하십시오. '도덕적 교훈', '청소년 정신의 개선' 등 그 모든 헛소리를 잊고 최선을 다하십시오.

원고 투고의 힌트

원고를 보낼 때는 상식적으로 하면 됩니다.[147] 문학잡지들을 읽고 그들이 싣는 이야기의 종류를 파악하십시오. 예를 들어, 결혼을 다루는 이야기를 사업적 성공 이야기를 다루는 잡지에 투고하는 것이나, 반대로 사업적 성공에 관한 이야기를 사랑 이야기를 다루는 잡지에 투고한다면 환영받

---

147 찰스 핑거는 이 부분에서 당시 문학잡지들의 특징을 설명하고 투고 주소까지 실었으나, 이 책에서는 생략한다.

지 못할 것입니다.

마지막으로 한 마디. 눈뿐만 아니라 귀도 열어두십시오. 셰익스피어가 '하찮은 것을 잽싸게 집어내는 자'[148]가 되면 뜻밖의 보상이 생기게 될 것입니다. 우리 주변 사방에서 좋은 말들이 튀어나오고, 다양한 인물들이 드러나게 됩니다.

얼마 전 저는 밭을 가는 소년에게 힘들지 않느냐고 말을 건넸습니다. 그러자 그 소년이 대답했습니다.

"아뇨, 저는 좋아요. 흙을 갈아엎을 때마다 매번 다른 게 흙에서 튀어나오는 것도, 흙냄새도 좋고, 쟁기 소리와 말들의 호흡 소리를 듣는 건 재미

---

148   셰익스피어의 희곡 《겨울 이야기(The Winter's Tale)》 등장인물 오토릭스(Autolycus)가 자신을 소개하면서 하는 말. Snapper Up of Unconsidered Trifles.

있어요."

만약 여러분이 여기서 무언가 느끼지 못했다면, 희망이 없습니다.

어떤 모임에서 한 사업가가 말하는 것을 들었습니다.

"사람들이 시끄럽게 떠들고 있었지만, 저는 조용히 식사를 하면서 계획을 구상했습니다."

이 말을 들은 독자는 머릿속으로 하나의 장면을 그리게 됩니다. 미숙한 작가는 사업에 몰두한 남자가 주변의 혼란에서 벗어났다는 장면을 독자에게 전달하기 위해 군더더기 수십 줄을 낭비했을 것입니다. 하지만 집중한 사람의 말은 날카롭고 분명합니다. 사람들이 하는 말은 동어반복, 모순, 속어, 부정확한 표현의 잡탕입니다. 하지만 어떤 사람이 한 가지에 대해 강하게 집중하면, 열에 아홉은 그가 말하려는 것이 명확하게 나옵니다. 우리는 많은 자갈 속에서 반짝이는 금 조각을 잡아내듯, 그 한 조각을 잡는 법을 배워야 합니다.

제 수첩에서 이 글을 되새겨 봅니다. 두 소녀가 전차에서 이야기를 하는데, 저는 본의 아니게 엿듣게 되었습니다. 대부분은 "내가 뭐랬냐면", "그 사람이 말하길", "내가 말했지 뭐야" 따위의 흔한 잡담이었지만, 그 사이에 불쑥 이런 빛나는 문장이 나타났습니다.

"내가 움직여서 낸 바스락 소리 때문에 대답을 못 들었어."[149]

이 문장은 완벽하며 전달하는 바는 더할 나위 없이 잘 표현되었습니다.

---

149 불필요한 수식 없이 핵심 메시지를 전달했다는 것이 중요한 점이다. "네 대답을 듣지 못했다", "바스락 소리가 났다", "내가 움직였기 때문이다"라는 세 가지가 전차 안에서의 실제 경험과 맞물려 군더더기 없는 표현이 되었다는 내용.

원고 투고의 힌트

한번은 늙은 선원이 이야기를 하는 것을 들었습니다. 그는 욕설과 음란한 말만 입에 담았고, 이야기를 하는 동안 헤매기도 했습니다. 그러다가 이런 말이 나왔습니다.

"해가 지자 바다 근처 빛을 등지고 서 있는 육지의 나무들이 마치 마법처럼 나타난 것 같았지."

텍사스 화물선 선원이 어떤 남자에 대해 이렇게 말하는 것을 들었습니다.

"그 친구는 사람 사귀는 재주가 있었어요."

일곱 살짜리 아이가 이렇게 말했습니다.

"그 아줌마 말이야, 웃을 땐 예쁜데, 안 웃을 땐 정말 못생겼어."[150]

---

150 외모의 아름다움은 고정된 것이 아니며, 표정이나 심지어 감정에 따라서도 달라질 수 있다는 진실을 일곱 살짜리 아이가 정확하게 지적하고 있다는 내용.

이러한 예시들을 살펴보면, 각 화자가 표현할 무언가를 가지고 있었고, 그것을 직접적으로 표현했다는 것을 알 수 있습니다. 꾸밈도, 부풀림도 없었습니다.

 긍정적인 통찰력이 번뜩이는 예시로, 커러 벨(Currer Bell)의 이야기 《빌레뜨(Villette)》[151]의 일부를 인용합니다.

 "요리사는 상의에 짧은 치마, 나막신을 신고 나타나 저에게 저녁 식사를 가져왔다. 어떤 종류인지 모르는 고기였는데, 낯설지만 상큼하게 입맛을 돋우는 소스와 함께 나왔고, 잘 모르겠

---

151 《빌레뜨》: 19세기 영국의 작가 샬럿 브론테(Charlotte Brontë)가 발표한 소설. 샬럿 브론테는 필명으로 커러 벨이라는 이름을 사용했고, 《제인 에어(Jane Eyre)》 등 뛰어난 작품을 펴내 페미니즘 문학의 선구자로 평가받는다.

지만 아마도 식초와 설탕으로 양념 맛을 낸 다진 감자, 타르트 한 조각, 버터를 얹은 빵 한 조각, 그리고 구운 배였다. 나는 배가 고팠기에 감사한 마음으로 먹었다."[152]

다음 구절은 주간지 〈T. P's〉에서 잘라내 제 스크랩북에 모은 것입니다. 윌리엄 워즈워스(William Wordsworth)[153]를 기억하는 라이덜 마운

---

152 평범한 식탁 위의 음식을 묘사했을 뿐인데, 그 속에 담긴 배고픔과 작지만 분명한 기쁨이 전해진다. 이런 순간이야말로 우리가 문장에서 찾는 진실이라고 표현하는 내용.

153 윌리엄 워즈워스는 18~19세기 영국 시인으로, 자신의 시 〈무지개(The Rainbow)〉에서 "어린이는 어른의 아버지"라고도 표현했다.

트(Rydal Mount)[154] 부근에 사는 한 백발 노인의 의견인데, 그는 많은 시들로 알려졌음에도 불구하고 시인이 아이들에게는 관심이 없었다고 주장했습니다.

"그 양반이 아이들을 좋아했을 리 없어. 그건 확실해. 내가 일주일에 네 번이나 고기를 들고 그의 문 앞을 지나갔는데, 그 사람이 한 번도 뭐라고 말해준 적이 없었거든. 아이들을 좋아했다면, 무슨 말이든 한마디쯤은 했겠지."[155]

---

154 라이덜 마운트: 워즈워스가 1813년부터 1850년에 사망할 때까지 살았던 곳으로 알려진 주택이다. 현재는 워즈워스의 박물관으로 운영되고 있다.

155 문학사에서 아이들을 노래한 시인으로 알려진 워즈워스조차, 한 노인의 기억 속에서는 침묵과 무관심으로 남는다. 시가 아무리 아이를 노래해도, 삶에서 나누는 한마디 인사가 더 큰 진실을 담을 수 있다는 역설을 보여준다.

이제 마크 트웨인이 어떻게 하는지 보십시오. 그의 허클베리 핀은 여러분이 아는 소년들처럼 말하고, 배우지 못한 많은 사람들처럼 철학적인 격언으로 자신의 견해를 뒷받침합니다. 그는 두 건달, 즉 소년들에게 기생했던 왕과 공작에 대한 자신의 의견을 말합니다.

"바로 알겠더라고. 그 인간들이 왕도 공작도 아니고, 그냥 천한 사기꾼들이란 걸. 그래도 난 아무 말 안 했지. 속내도 안 비치고, 그냥 혼자 알고만 있었어. 그게 제일 좋은 방법이거든. 그래야 싸움도 안 생기고, 괜한 말썽도 안 생겨."[156]

---

[156] 무지한 듯 보이지만, 그 침묵 속에 담긴 자제와 통찰은 어른보다 깊다. 말하지 않는 것이 때로는 가장 강한 방식이 된다는 내용.

다음은 풍경에 대한 묘사입니다. 한밤중 강 위를 떠다니는 장면인데, 단 몇 문장 안에 정서와 감각이 녹아 있습니다.

"큰 강 위를 떠다니는 기분은 좀 엄숙했어. 우린 등을 대고 누워 별을 바라봤지. 큰 소리를 내고 싶은 마음이 안 들었어. 잘 웃지도 않고, 겨우 낮게 킥킥거리는 정도였지."[157]

마지막으로, 《허클베리 핀의 모험(The Adventures of Huckleberry Finn)》의 또 다른 묘사를 소개합니다. 새벽 강가, 사방이 고요한 그 순간의 감각을 그는 이렇게 전합니다.

---

157 말없이 바라보는 별빛과 물결. 낙천적인 줄만 알았던 소년의 내면에도, 이렇게 조용한 경외심이 흐르고 있다는 것을 보여주는 내용.

"아무 소리도 안 들려. 완전히 고요했어. 세상이 전부 잠든 것 같았지. 가끔 개구리 소리만 들렸고. 물 건너 멀리 처음 보인 건 희미한 선, 저편의 숲이었어. 다른 건 아무것도 안 보였어. 그다음엔 하늘이 옅어지고, 더 퍼지고, 그러다 강물도 부드러워졌지. 이제 검지 않고 회색으로 바뀌었어. 멀리 떠다니는 까만 점들이 보여. 장사하는 배 같은 것들. 길게 늘어진 검은 선은 뗏목이었고. 때때로 삐걱대며 노 젓는 소리, 웅성거리는 소리도 들렸지. 워낙 조용해서 멀리서 나는 소리도 다 들렸어. 그러다 보면 물 위에 선이 하나 보여. 그 선을 보면 아는 거야. 거긴 급류에 잠긴 나무가 있어서, 물살이 그 위를 부딪혀 그렇게 보이는 거지."[158]

---

158 단순한 풍경 묘사가 아니라, 조용한 자연의 변화를 통해 삶을 바라보는 시선이 담긴 문학임을 강조하는 내용.

만약 여러분이 한 번도 이야기를 써본 적이 없다면, 이런 문장을 쓰는 일이 쉬워 보일지도 모릅니다. 하지만 시도해 보십시오. 자신이 겪은 것을 꾸밈없이, 덧칠 없이, 그저 그대로 써내려간다는 것이 얼마나 어려운 일인지 깨닫게 될 것입니다.

당신도 어릴 적, 고요한 밤을 사랑했을 것입니다. 숲속의 다람쥐, 거북이, 뱀을 눈여겨보고, 어른들이 하는 일에 분노하거나 의아했던 적도 있었을 것입니다. 그렇다면 이미 이야기의 씨앗은 당신 안에 있습니다.

이제 할 일은 하나뿐입니다. 그 경험을 꾸미지 말고, 숨기지 말고, 있는 그대로, 정직한 말로 적는 것입니다. 왜냐하면, 문학의 마지막 기준은 결국 '진실'이기 때문입니다.

찰스 핑거의 좋은 글 예시

찰스 핑거가 꼽은 좋은 글쓰기의 조건, 즉 진정성, 있는 그대로 바라보고 표현하기, 인물 중심의 이야기 구성, 간결하고 진솔한 문체, 개인적 경험과 관찰 등을 바탕으로, 그의 대표작인 《실버랜드 이야기》 중 좋은 예시로 꼽을 수 있는 글을 몇 문단 골라 설명하겠습니다.

1. 〈세 꼬리 이야기〉 속 이야기꾼 할머니 묘사

 우리가 이야기하는 동안, 우리 주변에 모인 모든 사람에게는 일종의 예의 바른 침묵이 흘렀습니다. 그러더니 아주, 아주 늙은 여인이 시가를 피우며 고개를 끄덕이고 말했습니다.

 "하지만 티오 라벤나 말이 맞아요. 그때는 딱정벌레와 거미를 먹고 살던 훈바츠의 시대였죠. 저는 그것을 제 어머니의 어머니에게서 들었고, 그분은 그 어머니의 어머니에게서 들었지요."

 그러고는 눈을 감은 채 계속 시가를 피웠고, 그곳에 있던 모든 사람은 서로 고개를 끄덕였습니다.

 저는 아마 노파가 곧 이야기를 해줄 거라고 생각했죠. 하지만 물론 그녀를 잘 아는 사람들은 '세 꼬리 이야기'를 해달라고 부탁하는 것이 적절하지 않다는 걸 알았기에, 우리 모두는 기다렸습니다. 이윽고 작은 소녀가 설탕 조각을 건네며 물었습니다.

"커다란 숲을 개간해야 했던 것은 두 형제였나요, 아니면 세 형제였나요? 잘 모르겠어요."

그러자 그 작고 늙은 부인의 눈이 반짝이며 시가를 떨구고는 말했습니다.

"두 형제였지. 전에 말해줬잖아."

그리고 잠시 한숨을 쉬었는데, 그건 단지 이야기를 하는 것이 지겹다는 척하는 것이었습니다.

"전에 얘기해준 걸 기억하잖니. 너무 자주 이야기하는 건 좋지 않아. 하지만 이것을 보렴."

그렇게 말하며 그녀는 가슴팍에서 비단실에 매달아 두었던 작은 옥 조각을 꺼내 우리에게 보여주었습니다. 그것은 더 큰 조각에서 부러진 것이었지만, 우리는 그 위에 새겨진 양치기 개의 꼬리를 가진 사슴 형상을 알아볼 수 있었습니다. 우리는 그것을 돌려가며 보았고 모두가 조심스럽게 살펴보았습니다. 물론 모두가 셀 수 없이 많이 보았을 테지만 말입니다. 그리고 그것이 다시 부인에게 돌아오자 그녀는 그것을 제자리에 놓았고, 제가 여기에 쓴 것처럼 우리에게 '세 꼬리 이야기'를 들려주었습니다.

이 구절은 '인물 중심의 이야기 구성'의 뛰어난 예시입니다. 이야기의 플롯이 할머니라는 매력적인 인물의 독특한 성격(예의 바른 침묵, 지루한 척하는 한숨, 교묘하게 이야기를 시작시키는 방식, 옥 조각을 보여주는 행동 등)에서 자연스럽게 흘러나옵니다. 할머니의 행동과 대화는 그녀를 단순한 이야기 전달자가 아닌 살아 숨 쉬는 복합적인 인물로 만듭니다. 이는 핑거가 강조하는, 독자가 "삶에서 그들의 쌍둥이를 만나는" 듯한 깊이 있는 캐릭터 창조에 부합합니다. 또한 작가가 인물의 내면적 동기와 갈등을 탐구하는 방식이 돋보이며, 작가의 관찰력과 이를 간결하고 진솔한 문체로 표현하는 능력도 잘 나타납니다.

2. 〈1달러짜리 이야기〉 속 골짜기 묘사

다음 날 아침, 여우로부터 물건을 덮고 모든 것을 깔끔하게 정리한 후 우리는 산책을 나섰습니다. 높은 능선에 올라 잠시 동안 수많은 작은 섬과 좁은 해협을 바라보았고, 이어서 바다와 하늘의 푸른빛에 감탄했습니다. 그 후 긴 경사면을 따라 내려가니 곧 쾌적한 골짜기가 나타났고, 보면 볼수록 마음에 들었습니다. 부드러운 풀, 맑고 시원한 물, 바람으로부터의 피

난처, 그리고 평화로운 고요함 등 모든 바람직한 것을 갖춘 듯했습니다. 조금 떨어진 곳에서는 대여섯 마리의 말이 보였고, 멀리 푸른 언덕에는 소와 양들이 있었습니다. 곧 아이들의 목소리와 얽히고설킨 메아리가 들려왔습니다. 그래서 언덕을 돌아가니 집들이 나타났는데, 모두 네 채였고 전부 노란 갈대로 지붕이 덮여 있었습니다. 우리가 들었던 아이들을 보았는데, 그들은 애완용 과나코와 놀고 있었고, 문 중 하나에는 갈대 바닥 의자에 앉아 있는 노파가 있었습니다. 그녀의 얼굴은 주름지고 갈색이었지만, 몸은 젊은 사람처럼 유연해 보였습니다. 우리를 보자 아이들은 놀이를 멈추고 비둘기 같은 눈으로 경이로움을 가득 담은 채 서 있었습니다. 그날 하루 종일 우리는 그곳을 즐기며 쉬었습니다. 저녁에는 남자들과 젊은이들이 사냥, 낚시, 목축 등 그들이 하던 일에서 돌아왔을 때, 쾌적한 12월의 황혼 속에서 좋은 교우가 있었고, 이야기하고 노래하며 우리는 더욱 친해졌습니다."

이 구절은 '있는 그대로 보기'와 '개인적 경험과 관찰'을 잘 보여주는 또 다른 예시입니다. 작가는 주변 환경과 사람들을 세심하게 관찰하고, 이를 솔직하고 상세하게 기록합니다. "혼란스러운 작은 섬과 좁은 해협", "주름지고 갈색인 얼굴이지만 젊은이처럼 유연한 몸"을 가진 노파, "경이로움 가득한 비둘기 같은 눈"을 가진 아이들 등 구체적인 묘사는 독자에게 마치 자신이 그곳에 있는 듯한 생생함을 전달합니다. "좋은 교우"와 "더욱 친해졌다"는 표현은 감상적이거나 과장되지 않고, 실제 여행에서 얻을 수 있는 진솔한 인간적 교류를 보여주며, 이는 핑거가 비판하는 '목가적인' 묘사 대신 진실성에 충실한 글쓰기입니다.

3. 〈고양이와 꿈의 남자〉 속 임시 거처 묘사

 실제로, 우리가 가진 가구는 손잡이 없는 프라이팬과 쇠냄비뿐이었습니다. 우리 집은 거처라기보다는 짧고 튼튼한 병처럼 생겼습니다. 왜냐하면 우리는 부주의한 건축가였고, 흙더미로 집을 지었기 때문입니다. 하지만 네모난 집을 짓기 시작했음에도 모서리에 신경 쓰지 않아서 집은 둥글게 되었고, 벽은 위로 갈수록 안쪽으로 기울어져서, 우리는 꼭대기를 굴뚝 삼아 열어두었습니다. 불은 바닥 중앙에 피웠으니까요. 그래서 우리 집 모양 때문에 우리는 구부정하게 자고 구부정하게 서야 했습니다. 물론 연기 때문에 거의 서 있지 않았지만요.

 이 구절은 '있는 그대로 표현하기'와 '간결하고 진솔한 문체'의 탁월한 예시입니다. 작가는 자신들의 열악하고 불편한 생활 환경을 매우 솔직하고 유머러스하게 묘사합니다.

"손잡이 없는 프라이팬과 쇠냄비", "짧고 튼튼한 병 같은 집", "연기 때문에 거의 서 있지 않았다"는 등의 생생한 세부 묘사는 과장 없이 현실을 있는 그대로 보여주며, 작가의 진정성과 비판적 시각을 반영합니다. 문체는 직접적이고 꾸밈이 없어, 핑거가 강조하는 '할 말이 있다면 손에서 돌이 떨어지듯이 저절로 나온다'는 소로의 말을 떠올리게 합니다.

4. 〈라이루와 별 처녀〉 서문: 페드로와의 경험

아마 제 브라질 친구 페드로가 '라이루와 별 처녀' 이야기를 저에게 들려준 것은 배고픈 사람들이 먹었던 식사에 대해 이야기하곤 하는 것과 같은 이유일 것입니다. 제가 '배고픈 사람들'이라고 말할 때, 식욕이 있는 사람들을 의미하는 것이 아니라, 오랫동안 굶주림의 벼랑 끝에 있던 사람들, 즉 난파선 생존자, 사막에서 길을 잃은 사람들 등을 의미합니다.

진실은 마음이 갈망하는 것을 혀가 이야기한다는 것입니다. 그래서인지 제 친구 페드로는 향기로운 바람이 부드럽게 불어오는 그의 따뜻한 고향에 대한 많은 이야기를 들려주었습니다. 그가 이야기를 들려줄 때 우리는 티에라 델 푸에고의 눈 속에서 있었고, 바람은 수천 마리의 악마처럼 비명을 질렀으며 서리 거인이 강과 호수를 얼어붙게 했습니다.

우리는 산타마리아 강 상류에서 금을 캐고 있었는데, 예고 없이 맹렬한 눈보라가 몰아치고 이틀 밤낮으로 눈이 쏟아졌습니다. 아침이 되자 우리는 언덕의 조용한 구석에 텐트를 쳤

음에도 불구하고 텐트 밖으로 나갈 수 없었습니다. 먹을 것도 거의 없고, 읽을 것도 없으며, 불빛 외에는 아무것도 없었고, 세상은 우리 주변으로 좁아지는 듯했습니다. 산들은 다가오고 납빛 하늘은 내려앉는 것 같았습니다.

그동안 페드로는 자신의 온화한 고향에 대해 이야기하며, 온통 보라색과 초록색인 언덕의 영광, 햇살 가득한 물, 그리고 꽃으로 장식된 아이들에 대해 말했습니다. 그래서 우리는 곧 검은 남풍과 파괴적인 추위를 잊었습니다. 페드로는 아마도 그를 먼 남쪽으로 이끌었던 희망을 반쯤 잊었을 것입니다. 그것은 그가 사랑하는 책들 사이에서 자신의 고향에서 조용히 살 수 있을 만큼 충분한 금을 찾으리라는 오래된 소망이었습니다.

하지만 여러분은 이걸 지루한 이야기라고 생각하며, 제가 페드로가 들려준 이야기를 하는 것이 더 낫다고 생각할 수도 있습니다. 그러나 저는 제가 기록한 대로 기록하는 것이 가장 좋다고 느꼈습니다. 왜냐하면 페드로는 다시는 자신의 고향을 보지 못했기 때문입니다. 그래서 이 이야기를 쓰는 것은 어느 정도 친구에 대한 애정으로 이루어진 것입니다.

눈이 그치자마자 그는 걸어서 떠났습니다. 폭풍 전에 우리 말들은 흩어져 버렸고, 그의 의도는 8마일 정도 떨어진 오두막으로 가서 우리가 절실히 필요했던 음식을 구하는 것이었습니다. 그동안 저는 소총을 들고 과나코나 다른 것을 사냥하려고 했습니다. 하지만 또 다른 폭풍이 몰아쳤고, 닷새 동안의 수색 끝에야 페드로를 찾을 수 있었습니다. 그리고 그는 얼어 죽었습니다. 제가 글을 쓰는 동안 그 장면이 다시 보입니다. 눈 덮인 언덕, 회색 하늘, 하얀 눈에 덮인 수풀, 그리고 페드로. 저는 서둘러 그를 얼어붙은 땅에 묻고, 그 자리를 표시하기 위해 투박한 십자가를 세웠습니다. 그리고 막 끝냈을 때 하얀 폭풍이 몰아쳐 봉분과 십자가를 모두 덮어버렸습니다.

이 서문은 핑거의 글쓰기 철학을 총체적으로 보여주는 좋은 예시입니다.

"진실은 마음이 갈망하는 것을 혀가 이야기한다"는 구절은 작가 자신의 감정적 진정성을 보여주며, 이야기의 깊이를 더합니다. 페드로의 비극적인 죽음을 꾸밈없이 묘사하며, 삶의 혹독한 현실을 드러냅니다.

또한 작가가 티에라 델 푸에고에서의 금 채굴 경험과 페드로와의 만남을 바탕으로 이야기를 풀어낸다는 점은 개인적 경험과 관찰의 중요성을 강조합니다. 혹독한 자연 환경(눈보라, 바람, 추위)

과 그 속에서의 인간의 무력함을 생생한 감각적 묘사로 전달합니다.

긴 문단임에도 불구하고, 군더더기 없이 직접적이고 명확한 문체로 감정의 깊이와 상황의 비극성을 효과적으로 전달합니다. 이는 핑거가 강조하는 명료함과 설득력 있는 문체의 좋은 본보기입니다.

5. 〈세 꼬리 이야기〉 속의 마을 묘사

온두라스에는 푸에블로 데 차멜레콘(Pueblo de Chamelecón)이라는 마을이 있는데, 사실 별 볼 일 없는 마을입니다. 거기는 거리가 하나뿐이고, 집들은 사각형으로 만들어진 커다란 벌집 같으며, 지붕은 짚으로 되어 있습니다. 보도도, 차도도 없고, 집들은 울타리가 없어 방에서 바로 모래 거리로 나설 수 있습니다. 더위 때문에 안에 있으면 나가고 싶고, 밖에 있으면 들어오고 싶습니다. 그래서 그곳 아이들은 작은 강가에서 많은 시간을 보냅니다. 적어도 제가 거기에 있을 때는 그랬습니다.

이 구절은 '있는 그대로 보기'와 '있는 그대로 표현하기'라는 핑거의 원칙을 잘 보여줍니다. 거리 하나, 사각형 벌집 같은 집, 짚 지붕, 보도가 따로 없고 울타리도 없는 길이라는 마을의 특징을 구체적이고 꾸밈없이 묘사하여 독자에게 사실적인 이미지를 전달합니다.

"안에 있으면 나가고 싶고, 밖에 있으면 들어오고 싶다"는 표현은 그 장소의 불편함과 주관적인 감정을 솔직하게 담아내 핑거가 강조하는 진정성을 드러냅니다.

"적어도 제가 거기에 있을 때는 그랬습니다"라

는 마지막 문장은 작가의 개인적 경험과 관찰을 바탕으로 한 것임을 명확하게 보여줍니다.

찰스 핑거의 작품 목록

장편소설

(Novels & Memoirs)

번지는 얼룩(The Spreading Stain) (1927)

남자에게 말을 주라(Give a Man a Horse) (1938)

파타고니아의 양키 선장(The Yankee Captain in Patagonia) (1941) – 남미 모험담

케이프혼의 질풍: 1812년 전쟁 이야기(Cape Horn Snorter: A Story of War of 1812) (1939) – 역사적 배경의 모험 소설

단편집 및 이야기 모음집

(Collections / Anthologies)

무법지대에서(In Lawless Lands) (1924) – 남미 및 서부 무법자 이야기 단편집

실버랜드 이야기(Tales from Silver Lands) (1924) – 남미 민담 모음집. 뉴베리 상 수상

국경의 발라드(Frontier Ballads) (193?) – 서부 민속과 무법자 이야기 수록

말할 가치가 있는 이야기들(Tales Worth Telling) (1927) – 이야기 모음집

먼 곳에서의 황금 이야기(Golden Tales from Far Away) (1940) – 세계 여행·모험 이야기

낭만 있는 악당들(Romantic Rascals) (1927)

용감한 동료들(Courageous Companions) (1929)

하이웨이맨: 용감한 사기꾼들의 책(A Book of Gallant Rogues / Highwaymen) (1923)

이상한 살인 사건의 책(A Book of Strange Murders / Strange Murders) (1925)

자전적 회고록

일곱 개의 지평(Seven Horizons) (1930)

이 책에 언급된 책 중 국내 발행된 도서 목록

《픽윅 클럽 여행기(The Pickwick Papers)》, 찰스 디킨스

《허영의 시장(Vanity Fair)》, 윌리엄 새커리

《신사 트리스트럼 샌디의 인생과 생각 이야기(The Life and Opinions of Tristram Shandy, Gentleman)》, 로렌스 스턴

《업둥이 톰 존스 이야기(The History of Tom Jones, A Foundling)》, 헨리 필딩

《로드 짐(Lord Jim)》, 조지프 콘래드

《아담 비드(Adam Bede)》, 조지 엘리엇

《작은 도릿(Little Dorrit)》, 찰스 디킨스

《눈먼 자들의 나라(The Country of the Blind)》, H. G. 웰스

《모로 박사의 섬(The Island of Doctor Moreau)》, H. G. 웰스

《타임 머신(The Time Machine)》, H. G. 웰스

《산책(Walking)》, 헨리 데이빗 소로

《당나귀와 함께한 세벤 여행(Travels with a Donkey)》, 로버트 스티븐슨

《작은 아씨들(Little Women)》, 루이자 메이 올컷

《데이비드 코퍼필드(David Copperfield)》, 찰스 디킨스

《주홍 글자(The Scarlet Letter)》, 너새니얼 호손

《몬테크리스토 백작(Count of Monte Cristo)》, 알렉상드르 뒤마

《파리의 노트르담(Notre-Dame de Paris)》, 빅토르 위고

《보물섬(Treasure Island)》, 로버트 스티븐슨

《솔로몬 왕의 동굴(King Solomon's Mines)》, H. 라이더 해거드

《아서 고든 핌의 이야기(The Narrative of Arthur Gordon Pym of Nantucket)》, 에드거 앨런 포

《삼총사(Les Trois Mousquetaires)》, 알렉상드르 뒤마

《빌레뜨(Villette)》, 샬롯 브론테

《허클베리 핀의 모험(The Adventures of Huckleberry Finn)》, 마크 트웨인

희곡

《헨리 4세》, 셰익스피어

《윈저의 즐거운 아낙네들》, 셰익스피어

《인형의 집(Doll's House)》, 헨리크 입센

《겨울 이야기(The Winter's Tale)》, 셰익스피어